Fritz Köster
Gesucht: Johannes XXIV.

FRITZ KÖSTER

Gesucht: Johannes XXIV.

Briefe an seinen unvergessenen Vorgänger

VERLAG JOSEF KNECHT · FRANKFURT AM MAIN

Die Deutsche Bibliothek – CIP-Einheitsaufnahme

Köster, Fritz:
Gesucht: Johannes XXIV. : Briefe an seinen unvergessenen Vorgänger / Fritz Köster. – 1. Aufl. – Frankfurt am Main : Knecht, 1995
ISBN 3-7820-0719-0

1. Auflage 1995. Printed in Germany.

Umschlaggestaltung: Atelier Warminski, Büdingen, unter Verwendung eines Fotos von Johannes XXIII., KNA-BILD, Frankfurt am Main.
Gesamtherstellung: Druckerei Wagner, Nördlingen.
♾ Gedruckt auf alterungsbeständigem Papier.
ISBN 3-7820-0719-0

Inhalt

»*I*hr sollt euch nicht Rabbi nennen lassen; denn nur einer ist euer Meister, ihr alle aber seid Brüder. Auch sollt ihr niemand auf Erden euren Vater nennen; denn nur einer ist euer Vater, der im Himmel. Auch sollt ihr euch nicht Lehrer nennen lassen; denn nur einer ist euer Lehrer, Christus« (Mt 23,8–10).

Allzu lange ist die Botschaft Jesu den Weg durch Ämter und Institutionen gegangen. Politiker und Kirchendiplomaten, so oder anders geschulte Gedankenakrobatiker und Begriffshantierer, charismatische Führer und Blindgänger, Begeisterte und Besessene haben sich ihrer bemächtigt. Sie alle hatten »Objekte« zum Ziel: Heiden und Sünder, Ratlose und Enttäuschte, Gestrandete und Ausgestoßene, Tiefgründige und ernsthaft nach Sinn und Erfüllung Suchende. Ihr Angebot: Heilsanstalten von »Kirche«.

Für das 3. Jahrtausend hat ein Papst, Johannes XXIII., einen anderen Weg gewiesen: den der Kultur und Zivilisation der Liebe. Denn es kommt eine Zeit und sie ist schon da, die jeden Sinn verliert für Rechthabereien und Inquisitionen, für Glaubenskongregationen und Wahrheitsbüros. Jede Rechtgläubigkeit wird, ob sie sich römisch-katholisch nennt oder orthodox, ob lutherisch oder calvinistisch, ob sektiererisch oder freikirchlich . . ., an der einen Frage gemessen, ob sie einen *Lebensstil* kennt und lebt, der dem der Botschaft Jesu entspricht.

Denn Jesus ist nicht gekommen, eine bestimmte Theologie und zweifelsfreie Christenlehre zu verkünden – zum Gedankenschmaus für Denker und als Übungsfelder für ideologische Kämpfer und religiöse Eroberer. Er hat keine Definitionen formuliert und keine Moralvorschriften erlassen. Er hat noch nicht einmal »Gottessicherheit« gebracht, obwohl sich viele danach sehnen. Er verkündete das Reich Gottes. Mit dem »Schon – Jetzt« der anbrechenden Gottesherrschaft waren *Werte* und *Haltungen* gemeint – ein menschlich nicht leichter Lebensstil persönlicher Würde und verantworteten Miteinanders. Darin hat die Christenheit schon einmal Größe gezeigt und bewiesen. Darin muß sie ihre Bewährungsprobe zukünftig bestehen.

Fritz Köster

Gott ist das Ende aller Theologie, weswegen Theologen die größten Probleme mit ihm haben.

EZZELINO VON WEDEL

Johannes XXIII. war jener Papst in diesem Jahrhundert, der zu den Quellen zurück wollte und dabei feststellen mußte, daß die mentale, theologische und kirchenpolitische Gegenströmung gewaltig war.

(Aus dem vorliegenden Buch)

Wenn man die Jahre mißt, so war seine Zeit nur eine geringe. Wenn man statt dessen die Ereignisse betrachtet, so waren sie eine ganze Epoche.

(PLINIUS D. JÜNGEREN über
JOHANNES XXIII. in den Mund gelegt)

ERSTES KAPITEL

Lieber Bruder Johannes!

Was bewegt mich eigentlich, Dir diese Briefe zu schreiben? Du bist schon über 30 Jahre tot. Und jemand, der heute noch an Dich denkt, setzt sich leicht dem Verdacht aus, zu den Ewiggestrigen zu gehören, zum alten Eisen.

Unsere Welt ist sehr schnellebig geworden. Da zählt nur das Neue, das Aktuelle, der Nervenkitzel – was heute in die Augen springt und morgen bereits in Vergessenheit gerät. Deshalb sind unsere Zeitungen voll von Schlagzeilen, die nur den Augenblick bedenken, Informationen über Tagesereignisse – ganz gleich, wie sie zu erklären sind, wo ihre historischen Wurzeln liegen oder wo sich menschliche Licht- und Schattenseiten zeigen. Dementsprechend sind wir modernen Menschen vielfach wie Eintagsfliegen, die jeden Morgen erst geboren werden müssen, damit sie bis zum Abend ein Leben auszuhalten vermögen, das von Langeweile und Sinnlosigkeit geprägt ist. Woher kommen wir? Wohin gehen wir? Darüber nachzudenken, dazu bleibt nur wenig Zeit.

Wenn ich Dir also schreibe, blicke ich selbst über 30 Jahre in meine eigene Lebensgeschichte zurück. Obwohl vielleicht zum alten Eisen gehörend, denke ich doch viel über die Zukunft nach. Weniger über meine eigene als vielmehr über die Zukunft der Welt, der

Menschheit, des Universums. Dabei komme ich von dem Gedanken nicht los, daß es eine Zukunft nicht geben kann, wenn vergangene Zeiten nicht aufgearbeitet werden. Wer aus der Geschichte nicht lernt, ist gezwungen, in dieselben Dummheiten und Torheiten neu hineinzurutschen, die an sich der Vergangenheit angehören sollten. Und die Menschheit ist in der Tat dabei, in einen Strudel und Sog fast apokalyptischer Verwüstungen hineinzugeraten, aus denen herauszukommen es vielleicht schon sehr bald keine Chance mehr geben wird.

Um auf Dich und meine eigene Geschichte zurückzukommen: Als Du 1963 starbest, waren die Augen fast der ganzen Menschheit nach Rom gerichtet. Die Welt war erschüttert über das Sterben eines Mannes, der wie ein Leuchtfeuer der Hoffnung und Zuversicht die Welt in den Bann gezogen hatte. Ich war damals noch ein junger Student. Ich hielt mich gerade zum Studium in Lyon auf. In dem gottlos gewordenen Frankreich, der ältesten Tochter der Kirche, hielten die Menschen den Atem an. Es war, als würde eine ganze Welt mit Dir sterben, als würde eine ganze Zukunft zusammenbrechen. Würde Deine Nachwelt, würden Deine Nachfolger weiterzuführen im Stande sein, was Du in wenigen Jahren initiiert hattest? Würden sie Deine Botschaft verstehen oder, unfähig dazu, bald in Vergessenheit geraten lassen, welches Deine Anliegen waren?

Die Angst verbreitete sich damals bereits, daß ein *Geschlecht von Zwergen* an Deinem Grab Wache halten würden – blind für Deine Hoffnungen und Visionen, ohne die die Welt nicht zu leben vermag, ohne die es keine Zukunft gibt. Auch für die Kirche und Christenheit nicht. Aber gerade das war ja Dein Anliegen: Du glaubtest, daß die Kirche und die christliche Botschaft keine wichtigeren Aufgaben hätten als der Welt eine Hoffnung zu geben. Du hast diesen Auftrag auf Deine Weise erfüllt. Warum ist es bisher so wenig gelungen, diese Fahne der Hoffnung weiterzutragen? Warum statt dessen soviel Resignation, so große Angst und Ratlosigkeit? Und von Seiten der Welt so wenig Vertrauen auf die Kirche und ihre Botschaft? Oder ist ihr die Botschaft abhanden gekommen? Wie kann sie der Welt etwas geben, was sie längst verloren hat; was eher eine religiöse Staatsanstalt geworden ist, ein Beamten- und Verwaltungsapparat mit hochgestochenen menschlichen Gescheitheiten, die keine Probleme zu lösen imstande sind?

Gewiß, Du hast damals viele Hoffnungen und Erwartungen geweckt. Zu viele, heißt es allzu häufig von amtlicher Stelle. Das habe zu einem Rückschlag führen müssen! Mir kommen solche Auskünfte vor wie Verlegenheiten und Ausflüchte von Menschen, die ihre eigene Unfähigkeit vertuschen möchten. Unfähig – worin und wozu?

Wenn ich *die letzten 30 Jahre* christlicher Geschichte auf einen Nenner zu bringen versuche, so bestand Deine große Kraft genau in dem, was später die große Schwäche Deiner Nachfolger wurde: Du hast die Menschen, alle Menschen mit ihren Gaben, Fähigkeiten, Talenten und Schwächen so ernst genommen, wie Dich selbst und Dein Amt. Manchmal hast Du sogar den Eindruck hinterlassen, als würdest Du die anderen wichtiger nehmen als Dich selbst. Du hast sie in alle Überlegungen und Planspiele mit einbezogen. Nicht nur die Anhänger Deiner Kirche, dessen erster Vorsteher Du warest, sondern weltweit alle Menschen guten Willens – unabhängig von Geschlecht, Kultur, Glauben, Weltanschauung. Deshalb wurdest Du auch als eminent wichtig für alle angesehen. Was heute das große Drama ist, könnte man auf die Formel bringen: Wer sich selbst und sein Amt übermäßig betont, darf sich nicht wundern, daß er trotz aller Vorschußlorbeeren eines Tages nicht mehr gehört, einfach überhört oder als nicht-gefragter Ratgeber übergangen wird.

Gewiß, Dein Amt mit seiner Macht- und Zentralstellung in Glaubens- und Sittenfragen, mit seinem Anspruch auf Unfehlbarkeit kommt geradezu der Dauerversuchung gleich, sich lehramtlich als Dauerredner zu betätigen und sich ohne Unterlaß über alle Themen der Welt und der Menschheit zu äußern – ohne zuzuhören und hellhörig zu sein für die Erfahrungen und Werte der Menschheit, die ja nicht so dumm ist, für wie man sie gerne hält. Vielleicht ist ein bestimmtes Amtsverständnis geradezu darauf angelegt, andere als unerfahren und religionslos anzusehen mit dem Resultat, das Amt um so mehr zu betonen. Denn wofür sonst das Amt, das den Anschein erwecken soll, etwas Unverfügbares zu besitzen und künden zu müssen?

Von daher wird Deine ständige Forderung nach dem *»Dialog«* suspekt und anfechtbar, zu einem halsbrecherichen Unternehmen. Denn eine für sich beanspruchte »ewige Wahrheit« ist nicht dazu angetan, in Dialog und Erfahrungsaustausch »gefunden« zu werden. Weil es aber doch gängig und zeitgemäß ist, über Dialog und Zusammenarbeit zu reden, steht man von Amts wegen dauernd in dem Konflikt, das göttlich Unverfügbare zur Disposition zu stellen. So wird es schon bald von Amtsträgern nicht mehr wahrgenommen, daß sie sich schnell in der alten Rolle des Lehrers und Meisters der Menschheit wiederfinden – bei allen feierlichen Sonntagsreden über Dialog und Zusammenarbeit. Vor allem auch dann, wenn man sich selbst diesem Dialog mit fremdgewordenen Andersartigkeiten nicht gewachsen weiß. Weder menschlich noch sachlich noch vom Verständnis der Wahrheit her, da man ja festgelegt ist und feststeht im unverzichtbaren Glauben.

Hast Du in Deiner Spontaneität und unkonventionellen Einfachheit diesen Konflikt nicht wahrgenommen? Hast Du das Ewige dem zweifelhaften Zeitgeist zur Verfügung gestellt? Hast Du deshalb die ewigen Heilsgüter der Kirche, ihre 2000 Jahre alten Erfahrungen und Weisheiten verraten? Hast Du so getan, als gäbe es die Geschichte nicht, die heilige Tradition als wirkliche Glaubensquelle? Oder wolltest Du sie von der »Quelle« her neu auf die Frage hin untersuchen, ob sie das Ursprüngliche eher verdeckt und unansehnlich gemacht hat statt es zu entfalten – eine kritische Aufgabe, der sich noch kaum ein Papst zu stellen gewagt hat? . . .

Deine Losung: *»Zu den Quellen zurück«* war aus mancherlei Gründen alles andere als herkömmlich und einsichtig. Nicht nur, weil sie sich ziemlich »protestantisch« anhörte. Waren doch gerade gegenüber der protestantisch-ketzerischen Auffassung von der »sola scriptura« so viele andere katholische Positionen ins Feld geführt worden: Vor allem vom unfehlbaren Lehramt, welches vom Geist geführt, bis ans Ende der Welt in alle Wahrheit einführt – in Gottes Auftrag und in Gottes heiligem Namen. Wolltest Du das eigentlich Katholische und endgültig Wahre auf dem Altar der Schrift opfern, wenn diese auch noch so sehr als Gottesinspiration und Gottesoffenbarung angesehen werden mußte? Warst Du nicht auf dem besten Weg, das Papstamt und das unfehlbare Lehramt in Frage zu stellen und unheilvolle Kompromisse einzugehen mit solchen, denen man herkömmlich als Verräter, Ketzer, Ungläubige und Neuheiden geflissentlich aus dem Wege ging?

Was 30 Jahre nach Deinem Tod geschah, war konsequent die »Richtigstellung« des herkömmlich Richtigen. Auf der einen Seite konnte man nicht zurück von den einmal aufgerissenen Horizonten des Dialogs, der Zusammenarbeit, der Toleranz und der Religionsfreiheit. Auf der anderen Seite aber mußte man *»Absolutheiten« verteidigen*, ewige Festschreibungen, für die das Amt bestimmt und auserwählt schien. Deine Nachfolger sind deshalb – zunächst zaghaft und ängstlich, dann aber immer mehr selbst- und sendungsbewußt – zur guten alten *»Lehre«* zurückgekehrt, zu den *»Lehrämtern«*, von denen die Wahrheit zu erwarten ist und in denen sie jederzeit abberufen werden kann – bis zur Lehre über Pille, Sexualität, natürliche Empfängnisverhütung, über die Unfähigkeit der Frauen zu Ämtern und Würden, über die Untauglichkeit einer nicht-amtlichen Weitergabe des Glaubens.

So schön und sendungsbewußt solch selbstsicheres Lehren und Dozieren seit Jahrhunderten auch immer gewesen war – immerhin waren daraus viele unterschiedliche Lehren und *ideologische Schulen* entstanden, alle mehr oder weniger mit dem Anspruch auf Richtigkeit und Unfehlbarkeit. Dabei waren – daran ist kein Zweifel – kirchenpolitische und theologische Dispositionen geschaffen worden, die Haß, Zwiespalt und Kriegsgesinnung noch mehr steigerten, als sie den Menschen ohnehin schon eigen sind. Das noch Schlimmere war wohl die Tatsache, daß die Botschaft Jesu dabei war, schulmäßig und national vereinnahmt und zerredet zu werden – zwar theologisch enorm gescheit und kirchenamtlich abgesegnet, aber doch so, daß die Basis immer mehr aufhörte, sich an solch konfessionsbedingter Akrobatik zu beteiligen.

Du wolltest diese Beteiligung offensichtlich genauso wenig wie die gläubige Herde, deren Hirte Du warest und sein wolltest. Dein »Zurück zu den Quellen« wurde deshalb auf weiten Strecken von der Basis ganz anders verstanden als von Amtsträgern und akademisch versierten Theologen. Diese waren es gewohnt und blieben auch ihrer Gewohnheit treu, sich »wissenschaftlich« oder »kirchenamtlich« auf die Quellen zu stürzen – wie Biologen und Physiker, die die Keimfreiheit und Reinheit jedes Grundwassers zu analysieren und zu diagnostizieren sich bemühen, um Sicherheit in Fragen Gesundheit zu vermitteln.

Ähnlich suchten und suchen Menschen stets *Gottessicherheit* in religiösen Fragen – eine Urversuchung, der die Kirchen allzu sehr auf den Leim gegangen sind, mit eindeutigen Antworten und wohlformulierten Sätzen. Dabei waren die Quellen des Evangeliums nicht auf absolute Gottessicherheit aus. Sie sind auch weder *von* noch *für* Wissenschaftler geschrieben worden, auch nicht von Amtsinhabern für Amtsinhaber, sondern von gläubigen Menschen, die ihr Leben aus der *lebendigen Erinnerung* und *Beziehung* zu einem Menschen zu gestalten versuchten, der im Glauben als Menschen- und

Gottessohn schlechthin erkannt und angenommen wurde; der für sie der von Gott gesandte Gottessohn war; der wie kein anderer der Welt vorexerziert hatte, wie durch konkretes Denken und Handeln die Pläne und Absichten Gottes mit der Welt und der Menschheit schon jetzt ansatzweise in die Tat umgesetzt zu werden vermögen. Die Frage wurde für die Christgläubigen der ersten Stunde beherrschend, wie das Reich Gottes schon jetzt seinen Anfang nehmen kann und muß – in Wahrheit, Gerechtigkeit und wirklichen Taten der Liebe. Ihre »Wahrheit« bestand darin, daß sie nur im Tun erkannt und gelebt werden kann, sogar in der Mannigfaltigkeit und Vielfalt der Lebenswege, wie sie den Menschen nun einmal, je nach Ort und Zeit, auferlegt sind.

Wo also von der *»Quelle«* geredet wurde, ging es um *eine Person*, die als »Modellfall Gottes« selbst in diese Welt gekommen war – sogar bis zum bitteren Ende. Weder die Person Jesu erwies sich als definierbar, noch die vielen Beziehungen, die Menschen zu ihr zu pflegen und zu leben versuchten. Deshalb wurden schon die Schriften des Neuen Testamentes nichts anderes als Dokumente verschiedener Lebens- und Sichtweisen in Bezug auf den, dessen Taten es in der Welt stets auf den Punkt zu bringen galt. Auch die verschiedenen Glaubensbekenntnisse der ersten Jahrhunderte waren ein Spiegelbild verschiedener christlicher Lebens- und Sichtweisen, die die Vielfalt einer Botschaft bekundeten und nicht dazu angetan waren, sich gegenseitig zu bekämpfen und sich rechthaberisch aus dem Rennen zu werfen. »Bleibt niemand etwas schuldig; nur die Liebe schuldet ihr einander immer« (Röm 13,8).

Du hast deutlich gemacht, daß dies die eigentliche

Triebkraft des Evangeliums ist, die die Welt mit ihren Stürmen zu überleben vermag. Nicht menschliche Lehren, Lehrämter und religiöse Verwaltungsapparate sollten als erste befragt werden, sondern die *Autorität des einen Lehrers und Meisters*, der in diese Welt gekommen war und bis ans Ende der Welt unter den Menschen lebendig bleiben wollte. In Deiner Sicht ging es wohl darum, nicht irgendwelche Menschen und Amtsinhaber als Lehrer und Meister der Menschheit aufzubauen, sondern den, der als solcher allein in diese Welt gekommen war. »Ihr sollt euch nicht Lehrer nennen lassen, nur einer ist euer Lehrer!« (vgl. Mt 23,8–10).

Ich denke, dies war Dein grandioses Zurück zu den Quellen. Du hast die Autorität wieder dem übertragen, dem allein sie zusteht. Dabei hast Du Dich vom herkömmlichen und stets eingeforderten Autoritätsgehabe hierarchischer Spitzen und theologischer Vielwisser nicht beeindrucken lassen. Du wolltest der Kirche und der gesamten Christenheit wieder jene Autorität vor Augen führen, die ihr von Gott schon immer gesetzt war. Du hast erkannt, daß eine Zeit angebrochen war, in der auch hierarchische Spitzen nur noch da eine Chance bekommen, wo sie mit möglichst vielen zusammen wieder jene *lebendige Beziehung* aufzubauen und zu leben bereit sind, aus der allein gottgesetzte Maßstäbe menschlichen Denkens und Handelns erwachsen. Nur insofern von allen diese Beziehung wieder geteilt wird und »Ursprünglichkeit« als verbindlich für alle gilt, würde es in Zukunft abgeleitete menschliche Autoritäten geben.

Du hast Deine Autorität so verstanden, daß sie der Welt »unfehlbar« vor Augen führen muß, wie man es macht, die Werte und Verhaltensweisen Jesu konkret auf den Punkt zu bringen, sogar im Umgang mit Andersdenkenden und »Feinden«. Durch praktizierte christliche Lebensformen wolltest Du die Menschen zu lernfähigen Wesen machen unter Einbeziehung ihrer Verantwortung und konkreten Mitgestaltung. Möglichst viele sollten mitdenkende und mitgestaltende Erwachsene im Glauben werden, wobei sogar Fehler und Mißgriffe erlaubt waren. Ohne die Fehler der Vergangenheit vertuschen und beschönigen zu müssen, konnte das Christentum durch Dich wieder eine *neue Hoffnung* für die Welt verbreiten – eine Hoffnung, die man schon lange vor Deinem Pontifikat angefangen hatte zu begraben. Das Aufregendste dabei war, daß Du weniger Lehrer und Amtsinhaber sein wolltest als vielmehr Beobachter und Wächter darüber, daß die Botschaft des Evangeliums weitergeht – weniger durch schöne Reden als vielmehr durch die Fortsetzung der Taten Gottes in der Geschichte.

Vielleicht ist dies das Drama Deiner Nachfolger seit über 30 Jahren. Den Schwierigkeiten und Unvorhersehbarkeiten einer Weggemeinschaft, die Gottes Taten fortzusetzen hat, nicht gewachsen, sind sie wieder zur Wahrheit einer abstrakten Lehrverkündigung zurückgekehrt. In der Absicht, ihre Ämter und Autorität zu retten, sind sie dabei, unfehlbar in eine Sackgasse zu geraten. Indem sie die Menschen immer weniger mit einbezogen, haben sie sich selbst vor die Tür gesetzt und zwischen sämtliche Stühle. Sie haben bisher nur wenig Deine Wegweisung zu befolgen verstanden: Daß in einer Zeit des Wandels das Entscheidende und Wichtigste nur durch Veränderung gerettet werden kann.

So sind sie in die Untergangsstimmung hineingeraten, die alle Ideologien erfaßt, wenn sie die Zukunft durch ewiges Wiederholen und »weiter so« einzuholen versuchen. Indem neuerdings alles darangesetzt wird, die Lebensgrundlagen zu retten, ist man in Wirklichkeit dabei, sie zu zerstören. Deine entscheidende Weisung könnte man auf die Formel bringen: es genügt die *Sola Persona* des Evangeliums, das Weitermachen in seinem Geiste, um die ursprüngliche Kraft der Botschaft für das Morgen der Welt glaubwürdig zu erschließen.

ZWEITES KAPITEL

Du wurdest nicht der Übergangspapst, den man aus Dir machen wollte

Manchmal ist mir während Deines fünfjährigen Pontifikats der Gedanke gekommen, als säße Christus auf dem Petrus-Stuhl. Nicht so, als hättest Du in meiner Vorstellung auch nur annähernd eine Ähnlichkeit mit dem Mann aus Nazareth gehabt. Ganz im Gegenteil. Als Du 1958 überraschend zum Papst gewählt wurdest, und Du zum erstenmal im Fernsehen zu sehen warest, war ich über Dein Äußerliches entsetzt. Dick und rund, fleischig und mit viel zu langen Ohren! Man habe sich in der Konklave, so wurde weltweit spekuliert, nicht auf einen modern denkenden Kandidaten einigen können. Man habe einem Übergangskandidaten den Vorzug gegeben. Und, vom Alter und von der Erscheinung her, sahst Du tatsächlich wie ein »Übergang« aus. Für mich und viele andere eine erste riesengroße Enttäuschung.

Dieser Eindruck hat sich in kürzester Zeit entscheidend geändert. Die kleinen Schritte und vorsichtigen Äußerungen, die Du am Anfang tatest, waren tatsächlich dazu geeignet, ein neues *Pfingsten* in der Christenheit zu ermöglichen, wie Du es selbst nanntest. Du hast die Türen und Fenster der katholischen Hochburg weit aufgemacht – zum Verdruß derer, die den frischen Wind und die offenen Fenster nicht vertrugen; die durch Dich einen kirchlichen Schnupfen bekamen und immer wieder alles daran setzten, mit viel Geschick und Diplomatie die Luken dicht zu machen. Das ist ihnen während Deines Pontifikats nicht gelungen. So hat alles das, was Du wolltest und tatest, oft den Gedanken in mir wachgerufen, daß Christus wohl genauso wie Du handeln würde, wenn das Glück oder das Mißgeschick es eines Tages zulassen würde, daß er persönlich auf dem Papstthron säße.

Dabei kommt es natürlich am wenigsten auf den Titel an. Der Papst, der sich als erster – nach den vielen Jahrhunderten der Petrus-Nachfolge – »Stellvertreter Christi auf Erden« nannte, war kein Geringerer als der mächtige *Innozenz III.* (gest. 1216), der die damals christliche Welt des Mittelalters nicht nur beherrschte, sondern auch alles daransetzte, um seine päpstlichen »Gottespläne« zu verwirklichen. Da fehlten angemessene militärische und politische Maßnahmen nicht. Auch nicht das Aufblühen jener Mentalität der Verfolgung von Ketzern, die schon sehr früh, um 400 zur Zeit des Augustinus im Umgang mit den Donatisten, Eingang gefunden hatte und nun kirchenamtlich auf höchster Ebene darauf bedacht war, eine bestimmte religiöse Staatsform, die sich »Kirche« nannte, zu erhalten und zu verteidigen – auf weiten Strecken anders als es mit der Wahrheit des Evangeliums in Einklang zu bringen war.

Dieser Innozenz III. war es übrigens auch, der »die große Urkunde der Freiheiten für alle« (Magna Charta in England von 1215) für ungültig erklären ließ. Es war das erste große Dokument im damaligen Europa, welches allen Menschen ohne Ausnahme persönliche Freiheiten gewähren wollte – nicht nur, wie bisher, einzelnen Ständen, in denen nur deren Obrigkeiten besondere Privilegien genossen. In dem Dokument stand z. B. der zukunftsweisende Satz: »Kein freier Mann soll verhaftet oder eingekerkert oder um seinen Besitz gebracht oder geächtet oder verbannt oder sonst in irgendeiner Weise ruiniert werden ..., es sei denn aufgrund eines gesetzlichen Urteils«.

Kurz gesagt: Die Untertanen sollten in Zukunft vor der willkürlichen Verhaftung durch die Machthaber geschützt werden. Sie sollten das Recht bekommen, die Zuverlässigkeit einer Verhaftung durch ein richterliches Urteil überprüfen zu lassen. Wer konnte eigentlich etwas dagegen haben?

Nun, Dein Vorgänger und viele Deiner Vorgänger hatten etwas dagegen. Denn es herrschte seit Jahrhunderten besonders auch in der Kirche die Vorstellung, daß alle sozial bedingten Untertanen den Obrigkeiten bedingungslos zu gehorchen haben. Jede Form des Abweichens und des Ungehorsams gegenüber dem Papst konnte als »häretisch« klassifiziert werden, auch dann, wenn objektiv keine Glaubenswahrheiten bestritten wurden. Oder wenn jemand über den »Dienst nach Vorschrift« hinausging. Das jüngste Beispiel ist Bischof Gaillot aus Frankreich ...

Gerade in solchen Dingen hast Du völlig andere Töne angeschlagen. In Deiner Sprech- und Verhaltensweise hast Du dabei an den Mann aus Nazareth erinnert. Wie dieser warst Du zwar kein Wanderapostel. Du warst immerhin der Papst einer weltweiten Christenheit. Aber doch entdeckte ich damals Ähnlichkeiten, die mir frappierend in die Augen stachen.

Jesus rief in seiner Zeit eine *geistige Bewegung* ins Leben, die bei den Menschen damals vorhandene Gaben und Kräfte weckte, um sie in eine Entscheidungssituation zu stellen. Seine »Wanderbewegung« wirkte auf eine mehrfache Weise. Zunächst sammelte er Menschen um sich: Jünger, Männer und Frauen wie auch ganze Volksmassen, denen er die Heilsbotschaft Gottes an die zu erlösende und von allem Bösen zu befreiende Welt verkündete. Seine Bußpredigt ging dabei weit über die Johannes des Täufers hinaus. Sie bezog sich auf das »Schon-Jetzt« des Reiches Gottes. »Die Zeit ist erfüllt, nah gekommen ist die Gottesherrschaft. Kehrt um und glaubt an das Evangelium (Mk 1,15).

Daß das Reich Gottes nicht auf das zeitliche Später oder gar »Jenseits« vertagt sei, hat der geschichtliche Jesus immer wieder deutlich gemacht. Er legte eine große Vollmacht bei der Auslegung des Gesetzes an den Tag. Seine von Gott gegebene Berufung zur Vergebung der Sünden und zur Heilung von Krankheiten hat er im Schreiten über die Wogen des Sees und durch andere Wundertaten unter Beweis gestellt. Er hat Menschen zur Nachfolge aufgerufen und dazu bestimmt, der Welt und der Menschheit einen neuen erlösenden Anfang zu setzen.

Diejenigen, die sich der *Jesusbewegung* anschlossen – es waren wandernde Charismatiker; Proselyten aus unteren sozialen Schichten; besser gestellte Sympathisanten mit verschiedenen Ethos- und Lebensformen; aber auch Nutznießer und Wundersüchtige –, lernten im Laufe der Geschehnisse um das Leben Jesu, diesen in die Mitte ihres Glaubensverständnisses und ihrer Verkündigung zu rücken. Was Er gesagt und getan hatte, wurde verbindliche Lebensnorm. Wie Er sich in konkreten Situationen gegenüber Sündern, Zöllnern, Ausgestoßenen und Rechthaberischen verhalten hatte, wurde normativ und inspirativ für das Verhalten von Christen und christlichen Gemeinden in der frühchristlichen Zeit.

Die *konkreten Lebenssituationen* blieben auch deshalb entscheidend wichtig, weil sich die Urkirche durchaus schon der Gefahren der Mythisierung, der gedanklichen Spekulation, der Idealisierung und Spiritualisierung, der einseitigen Verkündigung von Tod und Auferstehung Jesu bewußt war. Im dauernden Blick auf den konkreten Jesus der Geschichte versuchte sie, den realen Grund christlichen Lebens nicht unter den Füßen zu verlieren.

Mit dem Glauben an Gott und seinen Gesandten Jesus Christus verband sich unverzichtbar und unüberholbar der *Glaube an die Menschen*, die zur »Nachfolge«, zu den Taten Gottes in der Geschichte fähig und bereit sind. Trotz ihrer Sündhaftigkeit blieben sie im alttestamentlichen Sinne immer »Ebenbilder Gottes«, denen Gott von Anfang an Teilhabe an seinen schöpferischen Eigenschaften geschenkt hatte, denen – wie es Paulus besonders hervorhebt – Gaben und Charismen gegeben waren zur Bewältigung des eigenen Lebens und der gemeinsamen Geschichte; schließlich zur Verwirklichung des Aufregendsten, was es in der Botschaft Jesu überhaupt gibt: die gewaltlose Liebe und Anerkennung dessen, was Gott von Anfang an in Menschen und in der Welt grundgelegt hat, und was er stets zu erlösen und zu vollenden gedenkt.

Von hier aus bedeutete die Jesus-Bewegung mit ihrem Selbstverständnis die Mobilisierung der besten Kräfte der von Jesus in die Nachfolge berufenen Menschen – unabhängig von Stand, Geschlecht, Rasse oder Volkszugehörigkeit. Die *»humanen Werte«*, die sie lebten, waren nicht einfach »Natur« im Gegensatz zur »Übernatur«; »Humanismus« und »Horizontalismus« im Gegensatz zum »Glauben«, sondern sie wurden in den größeren Zusammenhang der Absichten Gottes mit der Welt gestellt. Sie wurden Anzeichen und Hoffnungszeichen des Heils, welches Gott in seiner Endgültigkeit und Vollendung am Ende der Zeit zu »schaffen« verhieß.

Ich denke, daß Du als Papst diesen Realismus der Verkündigung Jesu überzeugend dargestellt hast. Du bist den Anliegen der Botschaft Jesu und vor allem dessen konkreten Taten wieder sehr nahe gekommen. Du wolltest ausdrücklich zu den Quellen des Evangeliums zurück – um der Zukunft des Glaubens willen. Du hast eine *geistige Wanderbewegung* in Gang zu bringen versucht, in dem Du alle Menschen guten Willens dazu aufgerufen hast, sich auf den Weg zu machen und mutig nach neuen Antworten auf die Fragen der Zeit zu suchen. Im Glauben an den Gott der Geschichte, der seinem Volk vorangeht und sich in den »Zeichen der Zeit« zu erkennen gibt, sollte sich mit Dir die Menschheit den eigentlichen Herausforderungen der unerlösten Welt stellen lernen.

Auf *»Zeichen der Zeit«* zu reagieren – das war für Dich allerdings nicht nur eine Angelegenheit für kirchliche Spezialisten und theologische Fachleute, sondern ein Auftrag an alle Menschen, primär an die christlichen Kirchen, sofern sie sich auf ihre je eigene Gnade und Gabe besinnen und fähig sind, mit anderen zusammen einen Weg zu beschreiten und eine gemeinsame glaubwürdige und zukunftsträchtige Geschichte zu schreiben. Denn die »erlöstere Welt« ist eine Gabe und Aufgabe für alle. Wie Jesus in »sein Eigentum« gekommen war, um die Wege Gottes mit der Welt und Geschichte exemplarisch und modellhaft deutlich zu machen, so bestand für Menschen in seiner Nachfolge die vorrangige Aufgabe darin, daß Gottes Taten in der Geschichte weitergehen. Erst recht für die Kirchen.

An der Dynamik Gottes mit der Welt, der das Heil aller will (1 Tim 2,4), konnten sich aber auch *Nichtchristen* beteiligen: bewußt und unbewußt, religiös und »atheistisch«. Deshalb mußten die Kirchen aufhören, narzistisch in sich selbst verliebt, um ihre eigene Selbsterhaltung zu kreisen. Aber auch die Menschen mußten entdecken lernen, was in ihnen steckt und zu welchen Gaben und Aufgaben sie im Namen Gottes berufen sind.

Sofern also das »Schon-Jetzt« bei allem »Noch-Nicht« des Reiches Gottes bei Dir wieder ins Blickfeld trat, mußten die Kirchen aus sich heraustreten und sich erneut für das Größere einsetzen lernen, was von Gott her auf die Menschheit zukommt. Sich wieder persönlich und als christliche Gemeinde von Gott anrufen und in Dienst nehmen zu lassen, sogar für ungewohnte Aufgaben – das war das Gebot der Stunde. Nach den »Zeichen der Zeit« Ausschau zu halten – daran führte kein Weg vorbei, weil es eine Forderung des Glaubens an den Gott der Menschwerdung war.

So habe ich damals als Student Deine Botschaft verstanden. So habe ich auch bis heute nicht aufgehört, sie zu verstehen. Auch das Evangelium verstehe ich so, wenn kirchliche Entwicklungen im Laufe der Jahrhunderte auch anders verlaufen sind. Als Staatsanstalt zur Befriedigung und Versorgung der religiösen und moralischen Bedürfnisse ihrer Untertanen hat zuerst die römische Kirche, später auch andere, eine *Ideologie der Wahrheit und Unterwerfung* geschaffen, die weniger nach den Vorgaben des Evangeliums als vielmehr nach dem Vorbild mittelalterlicher Imperien geschaffen war.

Diese Ideologien von Wahrheiten und Hierarchien wurden im Laufe der Jahrhunderte so fest zementiert und von deren Vertretern so hartnäckig verinnerlicht, daß Du Dich mit Deiner Botschaft sehr schwer getan hast und tust – wie sich Christus übrigens auch sehr schwer tun würde, wenn er auf dem Papstthron säße. Es hat sich gezeigt, daß sich auch die Menschen, bei all ihrem Drang nach Freiheit und Mündigkeit, sehr schwer tun beim Erlernen und Praktizieren dieser Freiheit. Aber auch die Kirchen und Konfessionen, die sich in ihren »wahren Lehren« lieber wieder einmauern und abschotten, weil sie große »Vorteile« darin sehen. Denn bei aller zur Schau getragenen ökumenischen Offenheit brauchen sie doch niemanden in das eigene Mauerwerk hineinzulassen, in dem sie ungestört ihre religiöse, sakramentale und rituelle Frömmigkeit zu leben gewohnt sind. Der »Nachteil« dieser eigenen Identität besteht darin, daß sie alle, wie sie da sind, den Kontakt zur Welt und ihren Menschen verlieren, verbunden mit der höchst aktuellen Gefahr, des eigentlichen Auftrags verlustig zu werden. Wie können sie auf Dauer so die eigene Existenzberechtigung nachweisen? Durch belanglose Massen-Feierlichkeiten? Durch Guru-Veranstaltungen auf höchster Ebene?

Während Deines Pontifikats hast Du keinen Augenblick den Eindruck hinterlassen, als bedürfte es all dieser Spektakel, um aus frustrierender Selbstbetriebsamkeit herauszukommen. Du hast den Finger wieder auf das Wesentliche des Glaubens gelegt. Im gewagten *Exodus* gilt es, den liebgewordenen Satz- und Ämterglauben aufzugeben und angeblich sichere kirchliche Bastionen zu verlassen, um in der Fortsetzung der Taten Jesu die einzig mögliche »Sicherheit« zu finden – die immer nur eine vorläufige sein kann, weil sie immer nur eine Etappe ist, eine erholsame Oase als Ausgangspunkt für neue wüstenreiche Wege durch die Zeit.

DRITTES KAPITEL

Eigentlich ist es verrückt, Dir Briefe zu schreiben ...

Eigentlich ist es verrückt, daß ich angefangen habe, Dir Briefe zu schreiben. Denn Du bist schon über 30 Jahre tot. Und einen Toten sollte man in Frieden ruhen lassen, ihn nicht quälen mit Gedanken und Anliegen, die nicht mehr die seinen sind.

Andererseits ist es heute wieder modern geworden, mit Toten Kontakt aufzunehmen. Neulich war in den Zeitungen die Geschichte eines jungen Mannes zu lesen, der in sehr ungünstigen familiären Verhältnissen aufgewachsen war. In einem katholischen Internat groß geworden, war er kaum geliebt, ständig hin- und hergeschoben und vielfach verletzt worden. So wurde er eines Tages drogen-, tabletten- und alkoholabhängig. Er kam mit Personen in Berührung, die okkultistische Praktiken pflegten.

Von Arbeitskollegen wurde er auf den *Satanskult* aufmerksam gemacht. Denn da auch in früheren kirchlichen Zeitaltern von Gott in der Welt so wenig zu spüren gewesen war, konnte ja nur der Teufel der eigentliche Herr der Welt sein. Er erlebte Friedhofsrituale und feierte schwarze Messen. Weil aber in diesen dubiosen Kreisen auch keine Beziehung und dauerhafte Freundschaften möglich wurden, grub er eines Tages auf dem Friedhof einen Totenschädel aus. Er wusch und säuberte ihn und stellte ihn auf den Wohnzimmertisch. In sogenannter Meditation starrte er stunden- und nächtelang auf den Schädel, um herauszufinden, ob die Toten ihm böse sein würden. Dabei mußte er feststellen, daß nichts Fürchterliches, keine Rache vom Schädel ausging. So konzentrierte er sich immer mehr darauf, mit den Toten Gemeinschaft zu pflegen. Es schien für ihn die einzige Möglichkeit zu sein, aus seiner Einsamkeit, Verlassenheit und Menschen-Vergessenheit herauszukommen. Wo von Gott keine Spur zu finden war und auch Satan nichts »brachte«, wollte er wenigstens auf diese Weise versuchen, ein Du, ein Gegenüber, einen Gesprächspartner zu finden. Denn in der Begegnung mit einem Toten ist noch Leben. In der Einsamkeit ist nichts.

Natürlich sind es nicht solche Motive, die mich veranlassen, mit Dir Kontakt aufzunehmen, obwohl nicht vergessen werden darf, daß *New Age* und *Okkultismus* auch als Suchbewegungen verstanden werden können. Menschen suchen mitten in der Welt und im Kosmos nach Gott, nach Transzendenz und größeren Lebenszusammenhängen – nach Gegebenheiten und Größen, die man früher behauptete, nur beim Klerus und in der Kirche finden zu können.

Insofern sind solche neuzeitlichen Symptome Anzeichen einer tiefen Vertrauenskrise in herkömmliche Hoffnungsträger. In der Kirche ist der Winter eingebrochen. Die Menschen fühlen sich in ihr nicht mehr zuhause. Sie sind einsam und verlassen in ihr und laufen in Scharen davon, nicht nur in Europa, besonders auch in Lateinamerika. Daran sollst Du sogar Schuld gewesen sein. Du sollst Veränderungen eingeleitet und ermöglicht haben, die schlimme Folgen hatten: religiöse Lauheit und

Oberflächlichkeit, Kirchenverdrossenheit und ausblutende Gemeinden ...

Wenn Du doch endlich und endgültig tot wärest! Aber Du kommst bis heute aus dem Gerede nicht heraus. Von den einen wirst Du nach wie vor als der große Bahnbrecher und Prophet einer neuen Zeit beschworen, von den anderen mit Mißtrauen und Vergessenheit bestraft. Wie zu hören und zu lesen ist, stehst Du auch nicht oder nur zögernd auf der Liste derer, die demnächst heilig oder selig gesprochen werden sollen. Dabei sind die Seligsprechungen in den letzten zehn Jahren fast zu einer Epidemie geworden. Fast 400 ohne Unterlaß.

Bald sollen andere hinzukommen; auch Deine unmittelbaren Vorgänger und Nachfolger im päpstlichen Amt. Vielleicht warst Du eben doch nicht heiligmäßig genug! Wenigstens nicht für diejenigen, die heute – unter dem Deckmantel der Frömmigkeit und Rechtgläubigkeit – alte kirchenpolitische Stellungen und Machtpositionen zu retten und zu restaurieren versuchen. Da haben es die Gründer und Betreiber stockreaktionärer und ultrakonservativer Bewegungen, die die Zukunft in der Vergangenheit suchen, entschieden leichter, in den Rang der Seligkeit und Heiligkeit erhoben zu werden.

Aber das sollte Dich nicht sonderlich beunruhigen, falls es überhaupt möglich ist, Dich in dem Stand der amtlich nicht anerkannten Heiligkeit, in dem Du Dich schon immer befandest, mit einem Schimmer von Unruhe zu umgeben. Du mußt halt kirchenamtlich noch warten. Vielleicht noch sehr lange, wie andere schon sehr lange haben warten müssen. Galilei ist einer der neuesten Beispiele. Wahrscheinlich hat ihn das gar nicht mehr interessiert, als er vor nicht langer Zeit, mit gut 350 Jahren Verspätung, kirchlich rehabilitiert wurde.

Aber auch die naturwissenschaftlich orientierte Welt von heute hat es kalt gelassen. Schließlich war es ja wirklich nur noch kalter Kaffee, der modernen Menschen da zu schlucken zugemutet wurde. Und viel kalter Kaffee wird seit Jahren verabreicht. Vielleicht ist das aber der entscheidende Unterschied zwischen heute und damals, als Du nur kurze Zeit, viel zu kurze Zeit, an der Spitze der katholischen Christenheit standest. Du hast niemanden kalt gelassen. Vertreter anderer Konfessionen und Religionen, offizielle Zweifler und Leugner des Glaubens, Atheisten und Kommunisten, haben sich im Vatikan nacheinander die Türklinke in die Hand gegeben. Auf rätselhafte Weise bist Du niemandem gleichgültig geblieben.

Vielleicht war das Dein großer Irrtum, den man Dir nicht so leicht verzeihen kann. Du hast den Vatikan, die heiligen und erhabenen Räume der religiösen Macht- und Prachtentfaltung, zu einer Räuberhöhle gemacht. Du hast Dieben und Feinden der Kirche Einlaß gewährt. Du hast in ihrer scharfen Zunge, ihrer schneidenden Kritik und atheistischen Grundeinstellung noch etwas Gutes vermutet, statt den Weizen gründlich vom Unkraut zu trennen, wie es sich für jeden ehrenwerten Chefideologen geziemt, der etwas von sich hält und seiner Rolle gerecht werden will.

Seitdem Du es versäumt hast, ein solcher messerscharfer Unterscheider zwischen guten und bösen Geistern zu sein, wuchert überall das Unkraut. Es wächst und gedeiht am Mauerwerk des Vatikan. Und was das Schlimmste ist: sogar die Öffentlichkeit hat es zu Gesicht bekommen. Das war Deine Schuld. Du bist zu sehr Mensch gewesen und zu wenig »Seine Heiligkeit«. Bilde Dir deshalb nicht ein, daß Du so ungeschoren davon kommen kannst, wie manche es in ihren Illusionen erhoffen. Die heute etwas Konstruktives für Dich und Dein offenes Konzil erwarten, laufen eher einer Fata morgana nach. Dabei erweisen sich die Quelle und das Wasser in der flimmernden Hitze der Wüste als ein Nichts, als ein schwarzes Loch. Und selbst wenn jemand am rettenden Wasser angekommen wäre – er könnte nicht glauben, daß es wirklich Wasser ist.

Dennoch: Seit Deinem Tod sind der Welt die Quellen belebenden Wassers immer mehr abhanden gekommen. Es ist tot geworden. Totenstill. Mir ist, als stünde ich auf einem Friedhof – unter lauter Toten. Wenn da Dein Grab nicht wäre, auf dem noch immer bunte Blumen blühen! Und in meinen Träumen verwandeln sich diese bunten Blumen in Millionen hoffender und betender Gesichter von Menschen, die aus allen Richtungen zusammenströmen. Für sie ist Dein Grab zu einem Symbol des Pilgerns geworden – des Weges in ein neues, verheißenes und gelobtes Land.

Insofern bist Du gar nicht tot. Für mich und für viele bist Du viel zu lebendig geblieben. Wenn manche auch Deinen Namen kaum noch kennen, so hast Du in der Welt dennoch etwas ausgelöst, was einmalig ist: Eine ganz *neue Sicht des Glaubens* und des christlichen Anliegens. Gewiß, Du hast keinen neuen »Entwurf« geboten; keine neue »Systematik« geschaffen. Aber Du hast deutlich gemacht, daß es Jesus um konkrete Menschen ging. Dabei hast Du konfessionelle Lehrsätze und kirchenpolitische Barrieren, die jahrhundertelang dazu angetan sind, die Christenheit unnötig zu entzweien und in feindliche Lager zu spalten, mit einer Handbewegung beiseite geschoben.

Hatte das Christentum nicht eine Entwicklung hinter sich, die eher von *philosophisch-abstrakten* Gedankengängen geprägt war, als von der Sorge um konkrete Menschen? Als wenn die Person Jesu, seine Botschaft und Handlungsweise jemals in feste Definitionen und endgültige Wahrheiten zu pressen wären! Als wenn lebendige Beziehungen und Suchbewegungen im Blick auf den, der als Wahrheit in Person in diese Welt gekommen war, ein für alle mal zu kanalisieren und zu verwalten wären!

Aber genau dieser Versuchung zu philosophisch-theologischen Ambitionen waren die Kirchen und Konfessionen seit Jahrhunderten auf den Leim gegangen. Sie hatten angefangen, die Wege Gottes mit uns Menschen endgültig zu formulieren, zu definieren und für alle Zeiten und Menschen festzuschreiben. Sie hatten ein *Gottesbild* geschaffen, welches von gescheiten Theologen und erleuchteten Amtsträgern *vorgegeben*, durch ständiges Fragen und Suchen kaum noch *aufgegeben* war – am wenigsten vom einfachen Volk. Das hatte auch zu Maßnahmen der Kirchen geführt, die den starken Eindruck hinterließen, daß Gott und das gesamte Heilsgeschehen durch sie zu verwalten und der Welt »anzubieten« seien. Das seltsame Glaubensverständnis entwickelte sich, daß durch das Wiederholen von Lehr-Sätzen und das Praktizieren von kirchlichen Angeboten im Rahmen festgelegter Handlungsanweisungen »Glaube« weitergegeben werden könne. Und weil es zudem immer wieder Menschen gab und gibt, denen es um Gottessicherheit geht, fand sich naturgemäß auch die zufriedenstellende Zahl von Anhängern, denen das Gefühl der Heilsgewißheit gegeben wurde, ganz abgesehen davon, daß sie nicht frei waren zu beurteilen, in welcher Religion oder Konfession sie sich am meisten aufgehoben fühlen.

Diese Freiheit wolltest Du ihnen geben und zugestehen. Du wußtest, daß die Menschen sich bei ihren neugewonnenen gesellschaftlichen Freiheiten nur für die Botschaft des Evangeliums entscheiden würden, wenn ihnen etwas *Substanzielles* vor Augen geführt würde, kein theologisches und konfessionelles Verpackungsmaterial. Denn gerade die Prozesse der Verkirchlichung und Konfessionalisierung der Botschaft Jesu hatten erfahrungsgemäß die Welt nicht friedlicher gemacht, die hadernden Kirchen nicht glaubwürdiger und die Menschen nicht gewillter, ihren jeweiligen religiösen Führern zu folgen.

Auch darin habe ich wieder eine Parallele zwischen Dir und dem gekreuzigten und auferstandenen Jesus entdeckt. Als Jesus gestorben war, fing er eigentlich erst richtig an zu leben. Seine Gefolgsleute und Vertrauten waren zuerst geschockt und verzweifelt wegen der Kreuzigung ihres Messias. Von ihm hatten sie sich Zukunft und Karriere erwartet. Als sich diese Ambitionen nicht erfüllten, blieb ihnen keine andere Wahl, als die eigentlichen Anliegen Jesu zu verstehen. Im Kontakt mit dem Auferstandenen, der ihnen lebendig erschien, mußten sie allmählich begreifen, daß es um etwas ganz anderes ging, als sie es sich ausgedacht hatten: um einen *neuen Lebensstil*, der sich vor der Welt als »Licht« und »Salz« erweisen sollte.

Aber Lebenswerte und Lebenshaltungen, die einzelnen Menschen zu ihrer eigenen Würde und Personwerdung verhelfen und auch für andere immer nur heilsam zu sein vermögen, lassen sich nicht festschreiben, konfessionell vereinnahmen. Das haben auch die Judenchristen der ersten Zeit bereits versucht. Sie mißverstanden die Botschaft Jesu, insofern sie alle Christusanhänger dem jüdischen Gesetz unterwerfen wollten. Wenn es damals den Paulus nicht gegeben hätte – das Christentum wäre zu einer jüdischen Sekte degradiert.

Als Du starbst, hast Du auch bei mir den lebendigen Eindruck hinterlassen, als wolltest Du das Eigentliche der christlichen Botschaft wieder aus jeder konfessionellen Gefangenschaft befreien. Denn wo es darum geht, die Lebenswerte des Evangeliums, je nach Ort, Zeit und Menschen, ständig neu ins Bewußtsein zu heben und zeitgemäß »auf den Tag zu bringen«, wie Du es formuliert hast, da wird die Frage nach den »ewig gültigen Wahrheiten« uninteressant. Da können gläubige Christen zwar noch zur Kenntnis nehmen, daß es frühere Menschen und Generationen gegeben hat, die auf absolute Gottessicherheit aus waren und auf unfehlbare Sätze der Kirche pochten. Für sie selbst bleibt da nicht viel mehr als eine tote Erinnerung.

Wo aber die Erinnerung an einen unter uns Lebenden wieder lebendig wird, da stellt sich die Frage nach den konkreten Menschen seiner Huld und Auswahl – über alle Konfessionen und Religionen hinaus. Den Kirchen bleibt bei solchen Prozessen nur eines übrig: Sich wieder auf das Größere einzulassen, was da von Gott auf die Menschheit zukommt. Dogmatisch verbrämte und kirchenrechtlich fixierte Kleinkrämereien haben da keine Chance mehr. Denn eine neue Zukunft ist angebrochen. Sie gehört denen, die sich auf das *Wesen des Christentums* einzulassen bereit sind.

Dieses »Wesen« ist eine Person, die als Modellfall Gottes der Menschheit vorgemacht hat, wie es geht, gottgewollt zu denken und zu handeln. Allerdings nicht in Vereinzelung und Isolierung, sondern in Formen des Zusammenseins und der Gemeinschaft, die dem Geist entsprechen, aus dem sie leben.

Wolltest Du in diesem Sinne wieder der Erste unter Gleichgestellten sein? Wolltest Du wieder der Papst für die gesamte Christenheit werden und dabei wieder eine ganz andere Rolle spielen als die meisten Deiner Vorgänger? Vielleicht hast Du es nicht bewußt intendiert. Aber es lag doch in der Dynamik der Prozesse, die Du angezettelt hast. Nicht umsonst ging die Zustimmung, die Du fandest, durch alle Konfessionen, Religionen und Weltanschauungen.

Aber auch die Ablehnung gerade bei denen, die das Neue zu denken nicht bereit und fähig sind. Sie dauert bis heute fort, wenn sie auch offiziell nicht zugegeben werden kann. Schließlich ist es unmöglich, die ungewohnten und damit »fehlbaren« Schritte, die Du getan hast, offiziell zuzugeben. Die Unfehlbarkeit Deines Amtes wäre vor der ganzen Welt bloßgestellt. Was andere wollen und erstreben, war genau *nicht* in Deinem Blickfeld: Du wolltest nicht auf einem Felsen sitzen, der Dich und andere daran hindert, lebendige Steine zu sein. Aber genau darum sollte es in Zukunft wieder gehen: »Kommt zu ihm, dem lebendigen Stein ... Laßt Euch als lebendige Steine zu einem geistigen Haus aufbauen, zu einer heiligen Priesterschaft« (1 Petrus 2,4 ff.).

VIERTES KAPITEL

Dein Sprung nach Vorwärts – mit 77 Jahren!

Es besteht kein Zweifel und alle Welt ist sich darüber einig, daß das von Dir einberufene *Konzil* die allergrößte Unruhe hervorgebracht hat. Als Du es am 25. Januar 1959 in der St. Pauls-Basilika angekündigt hast, löste diese Neuigkeit, vor allem bei Deinem Stab in der Kurie, die größten Schwierigkeiten aus. Sein auf allgemein herrschende Ruhe und Gelassenheit ausgerichteter Arbeitsstil soll auf Anhieb dahin gewesen sein. Weil Du gleich am Anfang davon gesprochen hast, daß die Eröffnung »in Bälde« geschehen sollte, wurden die Ängstlichen noch verzagter und für die Reaktionäre wurdest Du eine Zumutung. Vor allem die konservativen Kräfte sollen sich massiv gesträubt haben. Als Ausrede für ihre Unwilligkeit sprachen sie von vier bis fünf Jahren der gründlichen Vorbereitung. Und ein Papst, der bereits 77 war, würde wohl weder die Jahre der Vorbereitung noch die der Durchführung überleben ...

Aber Du hast Dich damals, um die kurialen Widerstände zu brechen, an die Öffentlichkeit gewandt. Du hast auf der baldigen Eröffnung bestanden, trotz einiger wichtiger sachlicher, kirchenpolitischer und theologischer Gründe, die Dich ängstlich hätten abhalten können. Die Riesenarbeit sollte bald beginnen. Natürlich hattest Du, als alter Mann, nicht mehr viel Zeit zu verlieren. Aber Dein Alter war offensichtlich nicht der entscheidende Grund für das umfassende Programm, das Du Dir vorgenommen hattest. Daran scheinst Du am wenigsten gedacht zu haben. Einem Kardinal, der damals ein paar Jahre älter war als Du (80), und der Deinen Plänen begeistert zustimmte, sollst Du humorvoll-beschwichtigend gesagt haben: »Eminenz, überlassen Sie uns, der Jugend, diese schwere Arbeit«.

In dieser »Jugendlichkeit« hast Du Deinen Stab gewissermaßen unter Druck gesetzt und gezwungen, seinen berühmt schwachen Arbeitselan aufzukündigen und emsiger ans Tageswerk zu gehen als sonst. So hast Du im Oktober 1962 das Konzil eröffnet. Es sollte ein ganz anderes werden als die früheren großen Kirchenversammlungen. Du wolltest nicht mehr, wie es in Deiner Eröffnungsansprache hieß, den einen oder anderen grundlegenden Glaubensartikel diskutieren. Du wolltest nicht mehr die Lehrmeinungen früherer und heutiger Theologen ausführlich dargelegt wissen, um die einen auf den hohen Sockel zu heben und andere davon herunterzustoßen – was Zeitgenössische in ihrer Eitelkeit gewiß für sich erhofften. Alle Lehrmeinungen hast Du als wohlbekannt und vertraut vorausgesetzt. Du hast sie in den Akten des Trienter und des Ersten Vatikanischen Konzils wohl aufgehoben und zusammengefaßt gesehen.

Aber was Dir bei allen hochgescheiten Papieren, Dokumenten und Lehräußerungen fehlte, war wohl das, was Du als *»vertieftes Glaubensverständnis«* einfordertest; was der *Gewissensbildung* aller zugute kommen sollte. Du fordertest gerade darin einen »Sprung nach vorwärts«. Das Eine sei die »Substanz der tradierten Lehre«, die bekannt sei; das Andere sei die Art und

Weise ihrer Formulierung, Darlegung, Aktualisierung und Glaubwürdigkeit, dem sich das »pastorale Lehramt« vorrangig widmen müsse.

Was wolltest Du eigentlich damit sagen? Wolltest Du aus der klerikalen *Theologen- und Spezialistenkultur* heraus? Wolltest Du den Glauben der Einfachen und theologisch »Armen im Geiste« zu Wort kommen lassen? War Dein Appell deshalb an alle Menschen guten Willens gerichtet – gerade an die Menschen in der Welt, die auch eine Sprache sprachen und Lebenserfahrungen besaßen, die der Kirche manchmal entscheidend voraus waren? Du wolltest von der Welt lernen, statt der Welt dauernd Belehrungen zu erteilen. Du hast dauernd vom *Dialog* gesprochen. Im Dialog sollte auf lange Sicht die Wiedervereinigung aller Christen angebahnt und der Friede zwischen verfeindeten Menschen und Völkern möglich gemacht werden. Welch ein Utopist Du gewesen bist!

Andererseits drängte die Zeit. Die Kirche hatte sich allzu lange ins eigene Mauerwerk verkrochen. In der Welt waren die Entwicklungen rapide weitergegangen. Es hatte eine Zeit des *Humanismus* und der *Aufklärung* gegeben, die Schluß machte mit früheren Vorstellungen von der doppelten Treuebindung jedes Untertanen an die weltliche und kirchliche Obrigkeit. Ebenso mit der Idee der Ungleichheit der Menschen im Diesseits, die es dann auf die Gerechtigkeit im Jenseits zu vertrösten galt. Aufklärerische Geister hatten die Inquisition abgeschafft und gegen die Vorherrschaft der Gewissen der Obrigkeit ihre Stimme erhoben und damit gegen die Macht absolutistischer und monarchischer Systeme. Sie hatten für die Befreiung der Menschen und ihres Denkens aus der »selbstverschuldeten Unmündigkeit« (Kant) plädiert und das Prinzip der Gewaltenteilung in die Köpfe gehämmert.

Daraus waren in allen Ländern der westlichen Welt demokratische Bewegungen entstanden, verbunden mit dem allgemeinen Bewußtsein und der in vielen Ländern eingeführten Praxis der Freiheit und Mitbestimmung aller in allen entscheidenden Lebensbereichen. Den Menschen wurde wie nie zuvor in der Geschichte die Möglichkeit gegeben, sich ihres eigenen Verstandes und ihres eigenen Gewissens zu bedienen. Welch eine Aufgabe der Gewissensschulung und der Erziehung zur Mündigkeit bei denen, die es wollten!

Natürlich mußte eine solche Grundstimmung, die seit wenigstens 300 oder 400 Jahren die Lande durchzog, Mißtrauen und Aggressivität gegenüber allen übermächtigen Staats- und Kirchengewalten hervorrufen, die diesen Menschenrechten nicht zustimmten und die den nachfolgenden naturwissenschaftlichen und technischen Entwicklungen nichts oder wenig Positives abgewinnen konnten. Die Tatsache, daß Päpste die Gewissensfreiheit als »Wahnwitz« bezeichneten und die Pressefreiheit als »unheilvoll und im höchsten Grade verabscheuungswürdig«, mußte natürlich für die Kirche selbst eines der größten Probleme zur Folge haben: das der Entfremdung der Massen bis auf den heutigen Tag. Wo den Menschen die Gelegenheit gegeben wurde, Subjekte, Träger und Mitgestalter der Lebens- und Staatsgeschichte zu werden, statt willenlose »Objekte« der Mächtigen und Einflußreichen zu bleiben, mußte der Eindruck verhehrend wirken, daß Kirchenleute nahezu jeden Fortschritt als »Greuel« ansahen: angefangen bei wissenschaftlichen Kongressen, Gasbeleuchtung, Hängebrücken und Eisenbahnen bis zur Ablehnung freier Wahlen. Dies alles hat in der Tat die Kirche in eine Isolierung hineingeführt, in der es bald keinen Austausch mehr geben konnte zwischen Leitung und Volk, zwischen Regierenden und Regierten, zwischen Hirten und Herden.

So war es seit Jahrhunderten zu einem gewaltigen *Problemstau* in der Kirche gekommen. Bei der Wahrnehmung und Bewertung der neu entstehenden Lebenswelt sah es bis auf den heutigen Tag in Predigten, kirchlichen Stellungnahmen und Analysen oft so aus, als spreche die Kirche von einem fernen Kontinent, der irgendwo weit jenseits der übrigen Welt zu finden wäre. Andererseits gehören die alltäglichen Lebensvollzüge der modernen Welt nicht nur zum gesellschaftlichen Normalbewußtsein, sondern sind tief ins katholische Kirchenvolk eingedrungen. Sie bestimmen sein Denken und Handeln; machen aber auch »schizophren«, wenn kirchliches Leben angeblich etwas ganz anderes ist als weltliches.

Solcher Problemstau ist naturgemäß schwieriger aufzulösen als der Stau auf den Autobahnen. Er hat bis heute dazu geführt, daß kirchliche Angebote die alltäglichen Lebensabläufe der Menschen immer weniger oder kaum noch beeinflussen. Wo die kirchliche Autorität immer weniger eine Rolle spielte, wo Hirtensorge immer weniger gefragt war – was wolltest Du dagegen tun? Wie wolltest Du dem modernen Zeitgeist begegnen? Wie hast Du versucht, im Scheinwerferlicht der Öffentlichkeit jene Kluft zu überbrücken, die sich gebildet hatte zwischen Kirche und Welt, zwischen Obrigkeit und

Volk, zwischen Tradition und Moderne? Wie wolltest Du dabei »Pontifex« sein?

In Deinen Reihen gab es immer schon den religiösen Eifer der Verteidiger des Glaubens. Der Eifer, mit dem Bischöfe, Priester und Katechismusschreiber den »wahren Glauben« zu verteidigen und weiterzugeben versuchten, war jedoch keine adäquate Antwort. Der Eifer hat sich auf weiten Strecken als blind erwiesen. Er war zwar gut gemeint, lebte auch von der Vorstellung, Gott zu dienen. In Wirklichkeit war dabei der Verdacht entstanden, daß die Kirche selbst gerettet werden sollte, ihre Ämter, ihre Privilegien, ihre Traditionen. Der Eifer hat sich latent als Streben nach Macht und Einfluß manifestiert. Darin steckte viel Aggressivität und Gewalttätigkeit gegen andere, sogar gegen die eigenen Ahnungen, daß es sich eher um die Verteidigung einer Ideologie statt des Glaubens handeln könnte. Wie hätte sonst soviel Unnachgiebigkeit, Intoleranz, Haß, Blindheit und Fanatismus dabei wachsen können?

Gewiß, auch für Dich war rückwärtsschauend nichts mehr zu ändern; höchstens vorwärtsschauend, wie das Konzil es wollte. Aber auch das ging nur bedingt und zähflüssig, weil die Aufarbeitung falscher Wege und Entscheidungen ein unheimlich schweres Geschäft ist. Dennoch wolltest Du nicht darauf verzichten, die Augen der Vergangenheit zuzuwenden. Wer die Augen verschließt, wird blind für die Gegenwart, bleibt anfällig für neue Ansteckungsgefahren, weil er aus Fehlern nicht zu lernen bereit ist.

Aber Du wolltest auf Zukunft hin die Christenheit mit einem neuen Geist beseelen. Du wolltest Deine Gefolgschaft auf ein *neues Denken* einschwören, weil nur so die gewaltigen Aufgaben der Zukunft gemeistert werden könnten. Worin bestand dieses neue Denken?

Wenn ich recht sehe, bestand die Macht und die Ohnmacht, der Triumph und der Niedergang der abendländischen Christenheit seit Jahrhunderten in einer *Art des Denkens um des Denkens willen.* Da saßen Theologen und die »wahrhaft Gläubigen« in ihren Studierstuben und haben sich die großen philosophischen Werke des antiken Heidentums zu Gemüte geführt. Im Bund mit ihnen hatten sie alle klugen Fragen und Antworten vor Augen, die die Menschheit bisher zusammengetragen hatte. Sie haben sie systematisiert und in einen christlichen Zusammenhang gestellt. Sie haben die alten Philosophen getauft, wie ein Pfarrer in der Gemeinde Kinder und Erwachsene tauft. Daraus ist dann das »Ganze des Glaubens« geworden: systematisch, allumfassend, abstrakt, unverständlich und fremd für Menschen einer anderen Zeit und eines anderen Kontinents.

Dennoch wurde das Denken um des Denkens willen immer faszinierender für die denkende Oberschicht. Es wurden immer gescheitere Bücher geschrieben. Auch für die Leute. Ein Katechismus nach dem anderen entstand. Zuletzt der Weltkatechismus. Sie stehen heute in Bücherschränken vieler Christen oder interessierter Atheisten. Sie sind in gewisser Weise wie Museumskataloge oder Nachschlagewerke, die notwendig werden, wenn sich jemand für die Frage interessiert, wie man in früheren Zeiten über Gott und die Welt gedacht hat und wie man über sie denken kann. Dabei ist der Ausgangspunkt vorgegeben: Solche theologischen Summen sind nicht ohne weiteres der Ausdruck und die Sprache von

Menschen einer lebendigen Gegenwart, sondern der Vergangenheit. Sie sind gescheite und kluge Monumente einer längst vergangenen Zeit. Man kann sich dafür interessieren; man kann sich darin informieren; man kann auch fasziniert davon sein – aber gegenwärtiges Leben bewältigen, Glauben vermitteln, das können sie nicht.

Das Denken um des Denkens willen hat auch dazu geführt, daß über Gott und die Welt bei allen festlichen Anlässen feierliche Reden gehalten werden konnten. Weil es davon ausging, daß es ewig gültige Wahrheiten zu vertreten gilt, unabhängig von Raum und Zeit, waren alle gemeint: alle Menschen, alle Völker und Rassen, alle Männer, Frauen und Kinder. Auf diesem Boden konnte man auch »Urbi et orbi« segnen – die Stadt und den Erdkreis. Und die Menschen haben sich jahrhundertelang von den so Redenden und Segnenden faszinieren und beeinflussen lassen. Sie haben sich christlich informiert und einen Glauben gelebt in Abhängigkeit von denen, die es ja »wissen« mußten, die es ja studiert hatten. Es waren eben Papst, Bischöfe und Priester, die Auskunft darüber zu geben imstande waren, was »Glaube« ist und schwere Sünde. Viele leben bis auf den heutigen Tag in solcher Verfassung.

Du, Johannes, hast offensichtlich als Reisender und Zuhörender in verschiedenen Ländern Deines Einsatzes begriffen, daß eine solche Ideologie auf Zukunft hin keine Chance hat. Die zeitlos geltenden Aussagen, die anscheinend über alle und über alles möglich gewesen waren, ließen Zuvieles und Zuviele unberücksichtigt. Wo von allen Menschen die Rede war, fühlte sich schließlich keiner mehr angesprochen. Außerdem war das Geredete noch lange nicht getan. Das Reden über Allgemeines war wie die Ignorierung des Besonderen; Aussagen über »die Menschen an sich« wirkten wie die Abschaffung des Menschen als Person und als Einmaligkeit. Abstrakte Wahrheiten vermochten keine Wahrheit hervorzubringen, die ansprechend ist, indem sie sich im Leben bewährt und ereignet.

So ist kirchliches Reden auf weiten Strecken zu einem Verbalismus geworden, der umso unerträglicher wurde, als man gar nicht mehr merkte, wie wirkungslos das alles blieb. Oder man bildete sich ein, durch das ständige Wiederholen von Sätzen und Lehrformeln müsse doch eines Tages das geschehen, was gemeint war. Aber es geschah nichts, es löste fast kein einziges Problem. So blieben die christlichen Gedanken abstrakt und abgehoben von allem Leben, blaß wie Papier und blutleer wie Tinte.

Wie hast Du ihnen wieder Leben zu geben vermocht? Wie hast Du in kurzer Zeit die Welt zu bewegen verstanden? Manchmal, vermute ich, war es Deine Fähigkeit, immer *sehr konkret* über *sehr Konkretes* zu reden. Deine Gesten und Deine Worte zielten immer auf einen ganz konkreten Menschen, auf eine konkrete Frage und Lebenssituation. Man hätte nie ein Dogma oder ein allgemeines Gesetz daraus machen dürfen. Aber weil es so konkret war, wurde es auch so wirkungsvoll, exemplarisch für viele andere Lebenslagen. Manchmal habe ich dabei gedacht, daß das Denken, weil es menchenbezogen war, durch Dich wieder wirklich christlich wurde. Buchstäblich christusähnlich, denn auch Jesus hat nie allgemeine Sätze von sich gegeben und konkrete Situationen dabei übersehen. Auch sein

Denken war lebensnah, situationsbezogen, personengerecht.

Du hast ein ganz neues Denken in der Kirche eingeleitet. Denn wo es um Konkretes ging, da konnten alle mitreden, da blieb das Reden und Verkünden nicht den Fachleuten vorbehalten. Aber es wurde auch problematisch für das herkömmliche Kirchen- und Amtsverständnis. Denn wo alle aus dem Schatz ihrer Lebens- und Glaubenserfahrung ihre Meinung sagen; wo »die Laien« und das einfache Volk wieder eine theologische Sprache zu sprechen lernen; wo die Aufforderung an alle ergeht, mitzudenken und Verantwortung zu übernehmen – da wird ein gewaltiges kirchliches *Dilemma* heraufbeschworen. Denn das Volk kommt im Denken leicht zu anderen Ergebnissen, als es kirchenamtlich, kirchenrechtlich und traditionell vorgesehen und möglich ist. Es kann sich für Optionen entscheiden, die in seinen Augen andere Positionen möglich machen, als es herkömmlich kirchenpolitisch gedacht war. Dann kommen Themen auf den Tisch, die die Kirche der Armen ins Visier nehmen oder die Frage nach der Rolle von im Leben bewährten Männern und Frauen; die Frage nach dem Zölibat als Gesetz oder als freies Charisma; die Frage nach dem Recht jeder Gemeinde auf Eucharistie. Wo die Option für die Lebenswerte des Evangeliums wieder vorrangig wird, da können sich sogar konfessionsprengende Kräfte entladen.

Du mußt zugeben, Johannes, daß Du die Kirche in dieses gewaltige Dilemma geführt hast. Auf der einen Seite können die aufgebrochenen Themen nicht mehr vom Tisch gefegt und unter den Teppich gekehrt werden; auf der anderen Seite muß doch alles darangesetzt werden, daß die Konsequenzen nicht gezogen werden können, die notwendig in der Dynamik des Geschehens liegen. Um die Wogen zu glätten, wird deshalb von Deinen Gegnern alles darangesetzt, daß in Dialogen und Formen *Gesinnungsreformen* hervorgerufen werden, auf keinen Fall *Zustände-* und *Strukturreformen*. Gesucht werden innerlich-spirituelle Menschen, auf keinen Fall äußerlich-kirchenpolitische; gefördert werden geistliche Bewegungen ohne jeden Weltbezug und ohne Drang nach Veränderung.

Um die herkömmliche Ämter- und Sakramentenpraxis nicht zu gefährden, wird Solidarität mit Enthusiasten und Jesus-Begeisterten geübt, die die wahre historische Bedeutung Jesu leugnen: Seine Menschwerdung; seinen Lebensweg wie den aller Menschen; seinen Kampf für Gerechtigkeit, Wahrheit und Würde der Person; seine »Alltäglichkeit«, in der er modellhaft und beispielhaft für alle konkretes Leben bewältigte. Nicht der erniedrigte Herr ist gefragt, sondern der erhöhte und verherrlichte. Das Christentum wird so wieder auf eine *Sakristei- und Kultgemeinschaft* reduziert, ohne wirkliche Bedeutung für die Welt und in der Welt. So formieren sich nach alter Manier auf der einen Seite die Sympathiekundgebungen »für Papst und Kirche«; auf der anderen Seite schwinden die Haltungen des Gehorsams und willigen Befolgens der Anweisungen der kirchlichen Obrigkeit.

Was tun? Wie dieses durch Dich heraufbeschworene Dilemma überwinden? Heute stehen wir noch mitten darin. Das innerkirchliche Schisma ist größer geworden. Und höher die ideologische Wand zur Welt und zu anderen Religionen und Konfessionen. Dennoch kann ich mich des Eindrucks nicht erwehren, daß auf Zukunft hin etwas Neues im Werden ist. Über alle Konfessionen und Weltanschauungen hinaus: »suchet zuerst das Reich Gottes und seine Gerechtigkeit; dann wird Euch alles andere dazugegeben« (Mt 6,33) – auch das neue Denken und die neuen Formen von christlichen Gemeinschaften, die ja nie für sich selbst da sind und da sein dürfen, sondern ihre Dienste und ihre Ämter stets nach dem auszurichten haben, was da als »Reich Gottes« auf sie zukommt. Im Blick auf dieses Kommen können auf Zukunft hin nicht mehr die herkömmlichen Kirchen und Konfessionen im Mittelpunkt aller Bemühungen stehen, sondern die Frage nach den zu lebenden Lebenswerten des Evangeliums, die im Chaos der Zeit überall sichtbar werden – als Bausteine für das, was Gott als Ganzes mit der Welt und der Menschheit zu tun gedenkt. Dieses Werden im Hier und Heute, wenn auch noch so bruchstückhaft, vorzubereiten, ist die Aufgabe christlicher Gemeinschaften. Die Christen sind dabei nicht die einzigen, aber sie sollten die ersten sein . . .

FÜNFTES KAPITEL

Lebenshaltungen waren Dir wichtiger als Glaubenslehren.

Als *»Übergangspapst«* hast Du Dir in kurzer Zeit Dinge geleistet, die nicht zu der Rolle paßten, die Dir Deine Wahlmänner zugedacht hatten. Ich erinnere mich noch an den Journalisten Mario Soldati, der damals entsetzt war über Deine Krönung und Einsetzung als Papst im Petersdom. Vor allem äußerte er sich über das Ritual und den höfischen Pomp, der die Feierlichkeiten begleitete und der den Anspruch erhob, das Heilige kodifizieren und religiöse Empfindungen und Gedanken für immer festlegen und formulieren zu können.

Als einer, der vorher nicht im Traum daran gedacht hatte, daß er Papst werden würde, hast Du selbst schnell gespürt, daß das ganze höfische und byzantinische Zubehör gegen den Instinkt moderner Menschen verstößt. Auch gegen Deinen eigenen Geschmack. Vor allem aber gegen die Einfachheit des Evangeliums. Darin hatte sich Gott als ein Gott »mit uns Menschen«, als ein Gott mitten in der menschlichen Geschichte erwiesen. Wer sich auf ihn einzulassen gewillt war, wer in seiner Nachfolge eine Beziehung zu ihm aufzunehmen und zu leben verstand, der sollte den Reichtum eines neuen Lebens erfahren, eine neuerfahrene Mächtigkeit und persönliche Würde. Das galt für alle: für Arme, Schwache, Sünder, Gerechte und Ungerechte.

Was hatte man auf weiten Strecken daraus gemacht?

Aus der Bibel ein *Rechtfertigungsbuch* für alle möglichen konfessionellen Ambitionen und Verkündigungsinhalte über Himmel und Hölle; ein *Beweismittel* für Dogmen und Forderungen nach Gesetzen, Moralvorschriften und ethischen Postulaten; eine *Gotteseinrichtung* für kirchliche Staatsformen mit Ansprüchen auf Macht und Privilegien. Man hatte sogar Rechtfertigungen für Kreuzzüge, Hexenverbrennungen, Ausbeutungen und für Sklaverei daraus abgeleitet.

Aus der prophetischen Kraft des Evangeliums mit seinem Aufruf zur befreienden Praxis nach dem Vorbild Jesu war eine Ideologie für Mächtige geworden, die auf dem Thron sitzen, Ohnmächtige noch sprachloser machen und Andersgläubige keine richtigen Menschen mehr sein lassen, wie es die Missionsgeschichte hundertfach belegt.

Du wolltest zum *Kern des Evangeliums* zurück, zur Lebensgeschichte Jesu. Schon bei der Auswahl Deines neuen Namens hast Du gleich nach der Konklave der ganzen Welt kundgetan, worauf es Dir ankam und was Du sein wolltest: »Der neue Papst möchte vor allem in sich selbst jenes leuchtende Bild des guten Hirten verwirklichen, daß uns vom Evangelisten Johannes beschrieben wird... In besonderer Weise liegen uns die Aufgaben des guten Hirten der gesamten Herde am Herzen.«

Du hast, wenn ich mich recht erinnere, damals die Idee von der *gesamten Herde* besonders betont. Hatte doch der Evangelist Johannes, auf den Du Dich in Deiner Rede beriefst, im Gegensatz zum guten Hirten auch von den Räubern, Dieben und bezahlten Knechten gesprochen, denen in Wirklichkeit nichts an der Herde liegt und die auch nicht durch die Tür hineingekommen waren. Vor solchen Fremden würden die Schafe fliehen, auf ihre Stimme würden sie nicht hören – offensichtlich, weil zwischen den einen und den anderen keine Kommunikation zustande kommt, kein Gespräch, keine Beziehung und deshalb kein Vertrauen.

Um des neu zu schaffenden Vertrauens zu den Menschen willen hast Du angefangen, eine andere Sprache zu sprechen. Sie war voller Konkretheit und symbolischer Kraft. So hast Du Dich nicht nur von Deinen Sänftenträgern durch die Massen der Besucher im Petersdom tragen lassen, obwohl »das wackelige Ding« Schwindelgefühle in Dir erregte – Du hast Dich auch gleich am Anfang nach deren Gehalt erkundigt und ihnen eine Gehaltserhöhung zugesagt: »Eine Zulage für das päpstliche Übergewicht.« So jedenfalls erklärtest Du einem hohen Würdenträger Dein Verhalten, der wissen wollte, warum sich der Heilige Vater um solche Kleinigkeiten kümmert. Gewiß, wie die Frage des Gehaltes für einen kleinen Angestellten nicht belanglos ist, so war für Dich und Deine Gäste Dein Schwergewicht nicht unbedeutend. Bei Deiner kleinen Gestalt wirkte es sich zudem nicht besonders ansehnlich aus ...

Was also für Betroffene keine Kleinigkeiten waren und sind, konnte es auch für Dich nicht sein. Alles, was für die Menschen wichtig war, wurde es auch für Dich. Vielleicht liegt darin das Geheimnis Deiner Ausstrahlung, die der Welt das Gefühl vermittelte, daß Du sie verstandest.

Jedenfalls hast Du beeindruckend bezeugt, daß die Menschen für Dich wichtig waren, weniger Diplomatie und Kirchendisziplin. Auch als Papst hast Du Deine einfache, natürliche Sprache beibehalten. Deiner offiziellen Zeitung, dem »Osservatore Romano«, hast Du die Anweisung erteilt, das verklausulierte Vatikan-Italienisch und die schwülstige Kurialsprache abzuschaffen. Es sollte in Zukunft nicht mehr vom »Heiligen Vater« als dem »Geistesmächtigen« die Rede sein; nicht mehr vom »Auserwählten«, der in seiner »erleuchteten und gehobenen Ansprache« dies oder jenes gesagt hatte, sondern schlicht und einfach sollte es in Zukunft heißen: »Der Papst hat gesagt.«

Einleitende Sätze wie: »Wir bringen nachstehend die Rede, wie wir sie von seinen erlauchten Lippen pflücken konnten«, sollst Du selbst als altmodisch-stikkig und lächerlich bezeichnet haben. Und als Du die Dankestelegramme durchgesehen hast, die auf die vielen Glückwünsche zu Deiner Papstwahl in alle Welt verschickt werden sollten, da sollst Du ausgerufen haben: »Alles Firlefanz und Kinkerlitzchen. Laßt doch diese völlig überflüssigen Schnörkel weg. Seid einfacher, seid herzlicher. Versucht es wenigstens!«

Du hast es nicht nur versucht, sondern Deinen wichtigsten Auftrag in *echten evangelischen Haltungen* ohne Falschheit und Heuchelei gesehen. So konntest Du den Arbeitern und Gärtnern im Vatikan, die es gewohnt waren, sich schnell und unauffällig aus dem Staub zu machen, wenn der Papst seine Spaziergänge in der Nähe absolvierte, zurufen: »Kommt nur alle wieder her. Kommt nur alle wieder hervor. Ich tue Euch ja nichts. Ich will mit Euch sprechen.« Und so sprachest Du mit ihnen. Über Deine eigene Kindheit und frühere Arme-Familie-Situation; über die Renovierungsarbeiten an den alten Gemäuern des Vatikan; über die Pflanzen und

Blumen in den päpstlichen Gärten; über die Entlohnung der Angestellten ...

Gerade Letzteres war für Dich wichtig. Denn Du wolltest ja nicht nur eine *Soziallehre* schreiben, sondern sie in Deinem Bereich nach Möglichkeit verwirklichen. Und so kam es, daß nach einer allgemeinen Überprüfung der Lohn- und Gehaltslisten die Löhne und Gehälter im Vatikan bald bedeutend günstiger lagen als im übrigen Italien.

Wenn von vielen hohen Würdenträgern noch als verständlich akzeptiert werden konnte, daß Du Dich um die Kleinigkeiten der kleinen Leute kümmertest und überhaupt immer interessiert warst am Leben der Menschen – bis in die peripheren Wohngebiete Roms hinein –, so wurden für andere viele Deiner Gesten und Verhaltensweisen zu einem Skandal. Bei Deinem eisernen Willen, die Menschen zu verstehen, anstatt ihnen dauernd unfehlbare Belehrungen zu erteilen, hast Du auch vor den damals noch mächtigen und damit gefährlichen Kommunisten nicht halt gemacht. Eines Tages hast Du die Stadtväter von Castelgandolfo in Audienz empfangen. Unter ihnen waren auch ein paar erklärte Atheisten. Sie wollten sich vor allem über das schlechte Verhalten reicher Leute gegenüber den Armen bei Dir beschweren; über die Provinzverwaltung, die zuwenig Zuschüsse bewilligte ...

Aber dazu kamen sie nicht. Du hast Dich nach ihrem *persönlichen* Wohlergehen erkundigt und Dich dabei so besorgt gezeigt, daß sie ihre Beschwerden vergaßen. Aufgerichtet und persönlich geläutert sollen sie Deine Residenz verlassen haben. Einer von ihnen hat sich danach unter die Menschenmassen gemischt, die sich immer versammelten, sobald Du in der Nähe warest, um Dir zuzujubeln. Auch der Kommunist soll laut seine Evviva-Rufe mitangestimmt haben. Daraufhin angesprochen, warum er, als Atheist und Kommunist, so laut dem Papst zujuble, soll er geantwortet haben: »Er ist ein Arbeiterkind, er weiß, was Händearbeit ist, und ich klatsche eben dem armen Mann aus dem Volk zu, der es bis zum Papst gebracht hat.«

Deine Hände sind noch anderen bedeutenden Leuten, die bis in Deine Gemächer vordringen durften, aufgefallen. *Rada Chruschtschowa*, die Tochter des damaligen Kremlchefs, die Du damals zum Mißfallen und Unbehagen vieler Würdenträger in Deiner Sonderaudienz empfangen hast, berichtete später darüber: »Kaum war der Papst von seinem Thron aufgestanden und hatte seine Hände zum Segen erhoben, war ich versucht, ihm zu sagen, daß er große, gute Bauernhände habe, genau wie mein Vater. Aber ich fand nicht den Mut, es ihm zu sagen, doch wahr ist es. Ich habe mir seine Hände nochmal genau angesehen, als er mir ... ein paar symbolische Geschenke überreichte, auch für meinen Vater, wobei er sagte: Das ist für Ihren Papa.«

Natürlich waren für Dich, den Papst, nicht die äußerlichen Ähnlichkeiten wichtig, die sich auf die Hände des damaligen mächtigsten Mannes des Weltkommunismus beschränkten. Die Ähnlichkeit der Hände von Menschen völlig verschiedener Weltanschauungen war für Dich mehr als nur ein Symbol. Sie stellten das *gemeinsame Lebensschicksal* von Menschen dar, die aus einer gemeinsamen Vergangenheit kommen und eine gemeinsame Zukunft zu bewältigen haben. Bei aller Verschiedenheit der Ideen und Ansichten unterliegen sie doch ein und demselben Schicksal: sie sind Teile der einen Welt und der einen Schöpfung, die man nur gemeinsam zerstören oder gemeinsam retten kann.

Das haben Deine damaligen einflußreichen Systemerhalter im Vatikan nicht kapiert. Sie werden es nie kapieren. Allein die Tatsache, daß Du Dich auf die Tochter eines großen Kommunistenführers und dessen Schwiegersohn eingelassen hast, hat Dir den Ruf eingebracht, zu weit nach links abgewichen zu sein. Denen gegenüber hast Du damals in einer Ansprache Deine Rolle wie folgt beschrieben: »Der Papst ist immer Optimist. Er hat nur das Gute vor Augen. Ich bin das Echo der Worte, die Jesus gesprochen hat, der auch allen wohl gesinnt war, und der niemandem etwas zuleide tat. Ich bevorzuge immer das Ja vor dem Nein ... Seht, der Papst bewaffnet keine Nation. Er hat keine bedrohlichen Raketen, keine Panzerdivisionen. Er betreibt keine Politik und ist nicht in große Geschäfte verwickelt. Ich bin ein Arbeiterkind, das mitten im Volk gelebt hat, und das gedenke ich auch zu bleiben, selbst wenn ich heute in der Kirche im Dienst Gottes stehe.«

Daß Du das *Echo der Worte Jesu* sein wolltest, als »Teil des Volkes« und »in der Kirche«, hat Dich zu einem »Pontifex« werden lassen, zu einem Brückenbauer, wie die Welt von heute sie braucht. Das haben sogar die »Fernstehenden« damals weltweit verstanden. Viele sind für Dich ganz nah gewesen und viele praktizierende »Nahstehende« schienen oft weit weg vom Reich Gottes. Das war bei Jesus ja auch so gewesen. Es waren die Frommen und Gerechten, die im Guten Verhärteten, mit denen er meist nicht zurecht kam, die ihn nicht nur kritisierten, sondern auch ans Kreuz schlugen.

Ich muß in diesem Zusammenhang an ein Wort des *Augustinus* denken, der in seiner die ganze Schöpfung umfassenden Sicht der Dinge und der Welt geschrieben hat: »Gott hat Viele, die die Kirche nicht hat – und die Kirche hat Viele, die Gott nicht hat.« Das war offensichtlich auch Deine unausgesprochene Sicht der Dinge und der Menschen. Du wolltest, daß die, die Gott »hat«, auch die Kirche »haben« möge. Und Viele, die die Kirche »hat«, sind Dir, dem Papst, oft zum größten Problem geworden. Sie sind es für den Geist des Konzils bis auf den heutigen Tag. Eingemauert in Orthodoxie und Glaubenssätzen konnten und können sie nicht begreifen, daß der Geist Gottes weht, wo er will. Und er weht nicht nur in der Kirche; möglicherweise sogar am wenigsten in ihr.

Es ist der Geist, der die ganze Welt und Schöpfung zum Ziel hat, der oft ganz andere Wege geht, als Theologen und Würdenträger ihm gern vorschreiben möchten. »Denn wir wissen«, schreibt Paulus, »daß die gesamte Schöpfung bis zum heutigen Tag seufzt und in Geburtswehen liegt. ... Sie soll von der Sklaverei und Verlogenheit befreit werden zur Freiheit und Herrlichkeit der Kinder Gottes ... Aber auch wir, obwohl wir als Erstlinge den Geist empfangen haben, seufzen in unseren Herzen und warten darauf« (Röm 8,21–23).

Natürlich paßte dieses alte *biblische Denken*, welches Du damals wieder neu beleben wolltest, nicht in die Zementköpfe derer, die sich dünkten, nicht mehr auf dem Weg zu sein, sondern die schon angekommen waren: im Palast festgefügter Glaubenssätze, in dem Hoffen und liebendes Aufeinanderzugehen nicht mehr nötig sind oder nur zur Nebensache gehören.

Insofern hat Dein symbolträchtiges, ja visionäres Tun und Verhalten die ganze *Größe und Tragik* vieler Deiner Mitstreiter im geistlichen Amt deutlich gemacht. Im Besitz ihrer Berufung, ausgestattet mit Ansehen, Macht und Wissen haben sie das Objektiv-Gültige für alle zu einem dominierenden Über-Ich werden lassen, die das Wagnis der Interpretation, des spontanen Verhaltens, der kreativen Tüchtigkeit einfacher und ungebildeter Leute immer mehr erlahmen ließ oder fortwährend an eine Kette legte. Dadurch ist das Gefühl entstanden, daß die »Sache« des Glaubens mit der Lebensgeschichte von Menschen nichts zu tun hat. Deshalb wurde auch kein Interesse daran wachgerufen. Das wahnwitzige Bestreben, die Ergebnisse theologischen und wissenschaftlichen Forschens kirchlich meßbar, kontrollierbar, überprüfbar zu machen, hat die Religion zu einer nichtssagenden, langweiligen Größe werden lassen. Denn die Menschen kamen nicht zum Zuge; die Beziehungen sind dabei gestorben: sowohl zwischen den Menschen als auch die der Menschen zu Gott.

Aus einer *Bundes- und Exodus-Religion* wurde ein Museum von kostbaren theologischen Gedenksteinen aus vergangenen Zeiten. Was dabei verloren ging, war das wichtigste und dramatischste der Botschaft Jesu überhaupt: das persönliche Sicheinlassen auf das Wort, das aus dem Munde Gottes kommt; die daraus dynamisch sich entfaltende Kraft der Liebe; die wechselseitigen Beziehungen und vielgestaltigen Lebensperspektiven, die immer nur dort möglich sind, wo Menschen schöpferisch zum Zuge kommen, wo Gespräche stattfinden, wo Erfahrungsaustausch geschieht, wo gemeinsame Entscheidungen reifen; wo den Menschen der

Glaube an »ihren« Bund mit Gott und mit anderen gestärkt wird und wo das Finden des jeweiligen Rollen- und Weltverständnisses ermöglicht wird, ohne Gefahr zu laufen, daß unnötige Zäune und Hecken daran hindern.

Vielleicht hast Du damals nichts anderes unternommen als den Versuch, aus dem »objektiv Richtigen« auszubrechen und *Beziehungen* wieder neu zu beleben, in denen »Glaube« überhaupt erst möglich wird. Einem Kardinal, der damals öfter über Dich »da oben« schimpfte, vor allem, wenn Du nach ihm verlangtest und ihn in den dritten Stock Deines Wohnsitzes kommen ließest, sollst Du gesagt haben: »›Der da oben‹, das bin nicht ich. ›Der da oben‹ ist unser aller Herr ... Ich aber bin bloß ›der vom dritten Stock‹.«

»Der da oben« war es für Dich wohl auch, der überall in seiner Welt und »seinem Eigentum« am Werke war, schon bevor der erste Prediger heidnischen Boden betritt. Diese *Spuren Gottes* in seiner Schöpfung ausfindig zu machen – dazu schienen große Gelehrsamkeit und Gedankengebäude des Glaubens, wie sie seit Jahrhunderten mit Intelligenz und Unterscheidungskraft aufgerichtet worden waren, nicht geeignet. Weder Engelszungen noch inquisitorische Maßnahmen haben bewirkt, daß durch das Christentum ein neuer Lebens- und Umgangsstil der Menschen untereinander zu entstehen und weltweit seine Kraft zu entfalten vermochte. Darauf hat Paulus vor 2000 Jahren schon hingewiesen: Wenn ich die Sprache der Menschen und Engel redete, wenn ich prophetisch weissagen könnte und alle Geheimnisse wüßte; wenn ich alle Glaubenskraft besäße; wenn ich alle Erkenntnisse hätte; wenn ich meine ganze

Habe verschenkte und meinen Leib dem Feuer übergäbe ..., hätte aber die Liebe nicht, nützte es mir nichts (1 Kor, 13).

Wer könnte eigentlich behaupten, die Kirche habe in den letzten Jahrhunderten keine Caritas geübt, keine Glaubenskraft besessen, keine Prophetensprache gesprochen und keine Märtyrer und Heilige hervorgebracht? Gott-sei-Dank ist es so. Das Wirken Gottes ist auch an ihr nicht vorbeigegangen. Andererseits hatten sich vor allem auch in den höheren Etagen Mentalitäten und Denkweisen innerhalb des Christentums gebildet, die eher auf kirchliche Selbstbehauptung und Selbstliebe aus waren als auf wirkliche Liebe zum Menschen und damit zu Gott. Ich denke an die religiösen Auseinandersetzungen seit der Reformationszeit, an 500 Jahre »Missionspredigt« in Lateinamerika, an das gegenseitige Sich-Abschlachten der Christen in Irland und Ruanda – im Namen Gottes und im Namen der eigenen Rasse. Noch nicht einmal der Mehrheit der rechtgläubigen Bischöfe, Priester und Ordensleute ist es gelungen, einen Lebensstil zu entwickeln, der dem des Evangeliums nahegekommen wäre. Ob die weit über 100 getöteten Kirchenleute in Ruanda einen wirklichen Märtyrertod gestorben sind?

Im Vielvölkerstaat *Jugoslawien* hat man jahrhundertelang von einer »ökumenischen Eiszeit« gesprochen. Obwohl viele kroatische Katholiken und serbische Orthodoxe es seit eh und je gewohnt waren, Haus an Haus in friedlicher Nachbarschaft zu wohnen, sich sogar an den großen Feiertagen gegenseitig zu besuchen und in Familien- bzw. Dorfgemeinschaften sich gegenseitig zu beschenken, gab es auf der »höheren Ebene« dennoch die großen theologischen Vorbehalte. Man könnte sie auch als theologische und kirchenrechtliche Hecken und Zäune bezeichnen.

Was gegenwärtig im mörderischen Krieg hier und anderswo geschieht, läßt den begründeten Verdacht aufkommen, daß völkische und rassische Probleme des Miteinanders durch religiöse und konfessionelle Gräben eher verschärft werden, statt daß die Kirchen zu helfen imstande wären, sie christlich zu bewältigen. Eigentlich ist es ein Trauerspiel zu sehen, daß sich sehr spät, zu spät im Verlauf des andauernden grausamen Krieges, die Kirchenfürsten in Jugoslawien zusammengerauft haben, um den unheilvollen Entwicklungen zu begegnen. Erst im Mai 1991 sahen sie die Zeit der Verständigung gekommen. Sie trafen sich zu einem ökumenischen Friedensgespräch, um schließlich alle zu Frieden und Gewaltlosigkeit aufzurufen – also zu einem Zeitpunkt, als die Katastrophe schon in vollem Gang war. Die Kirchen und Konfessionen haben also auch hier erst mit einer Politik der Verständigung begonnen, als die Zeit der Verständigung fast schon abgelaufen war.

Wenn ich an Deine Verhaltensweisen denke, stehst Du bis heute da wie eine lästige Aufforderung an die Christenheit, das Leben in der Konkretheit des Lebens christlich leben und bewältigen zu lernen. Eingeübte und erprobte Lebensstile scheinen glaubwürdiger als alle Glaubenslehren.

Als Beispiel denke ich an die nicht ruhmreiche, eher schändliche päpstliche *Behörde der Inquisition*. Gott-sei-Dank wurde ihr bereits ein anderer Name gegeben. Manchmal träume ich davon, daß der »Glaubenskonkregation«, gemäß der Dynamik Deiner Impulse, noch einmal ein neuer Name zugelegt werden würde. Diese päpstliche Behörde müßte sich weltweit darum kümmern, daß die Orts- und Teilkirchen eine *Kultur der Liebe* entwickeln – angefangen bei Kardinälen, Bischöfen, Priestern und Ordensleuten bis hinunter ins unterste Glied der Gemeinden und Verbände.

Manchmal kommt mir der Gedanke: Hätte die Kirche seit Jahrhunderten annähernd soviel Kraft, Intelligenz, Energie und schöpferische Initiativen für die Entwicklung situations- und zeitbedingter Lebensstile entfaltet, wie für die Definierung, Formulierung und Verteidigung von sogenannten »Glaubenssätzen« – ihr Zeugnis seit Jahrhunderten könnte sich auf Zukunft hin sehen lassen; ihre Lehr-Sätze wären nicht über Nacht Leerformeln und leere Hülsen geworden.

Auch auf Zukunft hin wird die Welt nicht mehr nach großer christlicher Gelehrsamkeit lechzen, sondern nach einer *humanen Kultur*, die ihre Wurzeln in einer Botschaft hat und die ihre Zukunftshoffnungen aus dieser Botschaft schöpft. Wie haben mir neulich Studentinnen und Studenten, die viel in der Bibel lesen, gesagt? »Entweder werden die Kirchen und Konfessionen wieder ›jesuanisch‹ sein oder sie werden nicht mehr sein. Insofern sie es nicht sind, sein wollen oder sein können, besteht auch kein Grund, ihrem Sterben nachzutrauern.«

Im Gespräch mit diesen jungen Leuten, die Dich höchstens dem Namen nach kannten, hatte ich den starken Eindruck, sie wären bei Dir in die Schule gegangen...

SECHSTES KAPITEL

Du nahmest jeden Menschen persönlich ernst.

Viel ist in den letzten Jahren geschrieben und gesprochen worden, was *geistige und ideologische Mächte* beim Menschen anzurichten imstande sind. Humanwissenschaftliche Forschungen haben solche Schreiben und Reden erst möglich gemacht; sie haben Erfahrungen aufgearbeitet und Kriterien dafür gesammelt, was geschehen muß, daß Heilslehren dem Menschen wirklich zum Heil gereichen. Sie müssen wenigstens schrittweise jedem helfen, sein Leben in die Hand zu nehmen und zu meistern, wenn auch noch so viele hausgemachte oder von außen auferlegte Rückschläge zu verzeichnen sind.

Was die Rolle der Kirche bei der Verwirklichung der Personwerdung von Menschen betrifft, so konnte sie schon immer auf das Alte und Neue Testament verweisen: Gott schuf den Menschen nach seinem Bilde! Bei aller guten Verkündigung und bei allem großen Eifer, den sie bei ihrer religiösen Erziehung und Pastoral an den Tag gelegt hat, gingen viele ihrer Initiativen eben doch an der Realität der Menschen vorbei. Hatte sie zu sehr *»die Menschen an sich«* im Auge, zu wenig die Originalität, Einmaligkeit und konkrete Lage des einzelnen? Von »Gottesvergiftung« ist da die Rede; von Religionsverlust durch religiöse Erziehung ...

Die *Realität der Menschen!* Das war ja Dein entscheidendes Anliegen. Nur von dieser Realität her glaubtest Du, auch christliche Kräfte wieder neu entfachen zu können. Du wolltest die Menschen fordern; Du hast auf ihre Begabungen gebaut; darin bist Du einer der Bedeutendsten und Mutigsten am Ende dieses Jahrtausends geworden. Mit Deinem großen Realitätssinn wolltest Du die Kirche von ihren selbstverschuldeten Abstraktheiten befreien und zu einer Offensive blasen. Du hast einen kraftvollen Optimismus verbreitet, und die Menschen Deiner Zeit haben Dir das alles abgenommen.

Damals schrieb, kurz vor Deinem Tod, Bernd Nellesen in der »Geistigen Welt«: »Wollte der Nachfolger dieses Papstes darauf verzichten, sein Fanfarensignal weiterzugeben, so müßte eine Welle des Unmutes den orbis catholicus durchlaufen.« Nun, diese *Welle des Unmutes* ist gut 30 Jahre danach eingetreten. Die Wege, die Du beschritten hast, sind dabei, von Angstmachern verschüttet zu werden. Verunsicherte und aus alten Behausungen Vertriebene sind dabei, wieder zunichte zu machen, was Du in hoffnungsvollen Ansätzen begonnen hast. Sie haben dabei nicht unbedeutende Erfolge zu verzeichnen bei denen, für die Du immer schon eine Zumutung warest. Ihr Hauptargument hat auch Vieles für sich: Die säkularisierten Menschen entfernen sich immer mehr von der Kirche; sie gehen in Scharen auf Distanz zum Glauben ihrer Väter. In ihrer Unkirchlichkeit scheinen sie auch immer unreligiöser, unchristlicher, unmoralischer zu werden. So scheint es nur eines zu geben: Zurück zur guten alten kirchlichen Ordnung!

Oder steckt etwas anderes hinter ihrer Angst? Du

hast jeden Menschen persönlich gemeint. Aber dieses »Persönliche« ist es, vor dem jeder Mensch auch Angst zu haben scheint. Die *Angst vor dem eigenen Ich* wird von K. Jaspers und vielen anderen als unheimliche Begleiterin des menschlichen Lebens beschrieben. Weil der Mensch Angst hat vor sich selbst, vor den vermeintlichen Schwächen und Grenzen, vor den erahnten Abgründen und dunklen Beweggründen, baut er sich gerne ein »falsches Selbst« auf. Um sich vor sich selbst wie vor anderen nicht bloßstellen zu müssen, leiht er sich eine Identität, indem er sich mit mächtig erscheinenden Personen, Idealen, Institutionen und Ordnungen zu identifizieren gewöhnt – schon von Kindesbeinen an. So lebt er oft bis ins hohe Alter aus einer *geliehenen Identität*, läßt sich von der Macht des »Man« beherrschen, findet nicht zu seiner eigenen Würde, zu seinem eigenen Weg und Gewissen.

Während also viele den Weg der Personwerdung fürchten, verhindern sie gleichzeitig das, was das Person-Sein eigentlich ausmacht: durchtönt und erfüllt sein von einer originellen Berufung, von einem einmaligen Gottesauftrag, der durch keinen anderen wahrgenommen werden kann. Personwerden heißt Ichwerden. Erst vom eigenen Ich her vermag der einzelne zum Du, zum anderen und zum Du Gottes vorzustoßen. Das »Fürchtet Euch nicht« Jesu am Auferstehungsmorgen (Mt 28,5.10) meint also auch die Aufforderung an seine Anhänger, das entdecken zu lernen, was im Namen Gottes in ihnen steckt und wozu sie berufen sind. Es hat mit der Fortsetzung der Taten Jesu auf Zukunft hin zu tun ...

Von daher verstehe ich heute auch die vielen *Widerstände*, die Du ausgelöst hast. Aber auch die vielen

Hoffnungen. Nur wenn Menschen sich aus der Herrschaft des »Man« und geliehener Identifikationen befreien, vermögen sie Gottes schöpferische Taten fortzusetzen. Dabei erinnere ich mich an eine Ansprache, die Du einmal bei einer großen Generalaudienz gehalten hast. Zur Überraschung vieler Deiner Hörer hast Du davon gesprochen, es sei gar nicht gut, die Andachtsmotive und Kulthandlungen in den Kirchen zu vermehren. Das Niederknieen vor jeder Heiligenstatue und viele andere neuere Kulthandlungen, von denen überall berichtet werde, seien geboren aus Oberflächlichkeit und Eitelkeit...

Wie konntest Du so etwas sagen? Und Dich dabei noch als einen Papst beschreiben, »der auf das Gaspedal drückt«? Gewiß, Jesus hatte auch von der Heuchelei der frommen Pharisäer gesprochen, die von ihrer eigenen Gerechtigkeit überzogen waren und über andere die Nase rümpften. Im Evangelium wurde dem reuigen Zöllner der Vorzug gegeben. Gott hat das Gebet des Einen nicht angenommen und das des Anderen als Vorbild hingestellt, weil es frei von falscher Selbsteinschätzung war. Er hat den abgelehnt, der sich bei Gott dafür bedankte, weil er glaubte, sich mit seinem getünchten Selbstbild als gottgefälliger bezeichnen zu können als der Andere, der unten im Tempel stehen blieb, weil er ein Sünder war und dies auch zuzugeben bereit und fähig war (vgl. Lk 18,9–14).

Damit hat das Evangelium zum Ausdruck gebracht, daß alles menschlich ist und menschlichen Versuchungen unterworfen bleibt. Darum zu wissen und damit zu leben, bedeutet ein hohes Maß an Ehrlichkeit. Auch für die Kirche. Deshalb hast Du als Papst auch Äußerungen getan, die die Frömmigkeit an heiligen Orten und aus allen möglichen Anlässen mit Fragezeichen und Anfragen begleiteten; die den Verdacht aufkommen lassen mußten, Du seiest gegen das Höchstmaß an Frömmigkeit, gegen charismatische Erneuerung, gegen Wallfahrt zur Mutter Gottes, gegen Fatima, Loreto und Lourdes. Oder nur gegen die *Scheinwelt*, die allzu leicht die Menschen zu betören und ihr eigenes Reifen zu verhindern vermag?

Hinzu kommt, daß Du als junger Student mit *Loreto* einmal schlechte Erfahrungen gemacht hast. Auf dem Wege dorthin bist Du vielen Menschen begegnet, die einen Nationalfeiertag begingen, der mit »Kirche« nichts zu tun hatte, sogar gegen das Papsttum gerichtet war. Du bist von jungen Leuten wegen Deines geistlichen Gewandes bespöttelt und bewitzelt worden. Manche Worte glichen sogar übelsten Schmähungen. Du fühltest Dich sehr elend danach. Am Abend hast Du in Dein Tagebuch geschrieben: »Gebenedeite Madonna von Loreto! Ich verehre und liebe Dich wirklich. Ich will auch versprechen, Dir als guter Seminarist in Rom immer die Treue zu halten. Es tut mir leid, Dir sagen zu müssen, daß Du mich hier nie wieder sehen wirst.« –

Warum ist die Wallfahrt nach Loreto eigentlich ein solches Trauma im Leben für Dich geblieben? Ich verstehe schon, daß es einem leicht übel werden kann, wenn man wegen seines Glaubens und seiner religiösen Kleidung angepöbelt wird. Solche Böswilligkeiten gibt es immer wieder. Ich denke bei uns an die 68er Jahre, an die Zeit der Studentenunruhen an den deutschen und französischen Universitäten. Da sollen auch bei uns Theologieprofessoren, die als sehr aufgeschlossen galten und in dieser Einstellung auch zukunftsweisende Bücher geschrieben haben, durch das kritische Fragen und Anfragen unerfahrener Studenten geschockt worden sein. Seltsam, manche dieser gescheiten Leute sollen damals eine totale Wende zum Alten hin gemacht haben. Sie blasen heute zum Rückzug. Mit Pinseln und Farben sind sie gegenwärtig hartnäckig dabei, das alte Mauerwerk der Kirche neu anzustreichen. »Restauration« nennen sie das.

Du mußt damals ähnlich geschockt gewesen sein. Die Tatsache, daß sich so viele junge Leute auf den Straßen und Plätzen herumgetrieben haben, um den Sieg der Freimaurer über das Papsttum zu feiern, hat damals noch insofern ein großes Unwohlsein in Dir hervorgerufen, als am Wallfahrtsort selbst kaum jemand zu finden gewesen war; keine Männer, nur ein paar alte Frauen.

Du hast, wie es scheint, auf ganz andere Weise aus diesem Erlebnis gelernt, als andere bei uns in den 68er Jahren. Wie verschieden doch die Menschen sind! Sogar Würdenträger! In Dir müssen schwerwiegende *Anfragen an Dich selbst* haften geblieben sein. Sie hatten etwas mit der christlichen Vergangenheit zu tun. War das Verhalten des antikirchlichen Pöbels auf der Straße das Ergebnis einer jahrhundertealten religiösen Erziehung der Menschen durch die Kirche? Was hatte die Menschen so geschlagen, daß sie nun auf derart gemeine Weise zurückschlugen; daß sie bis auf den heutigen Tag von krankmachender Frömmigkeit, von krankmachender Kirche reden?

Die Kirche hatte doch eigentlich nichts anderes getan als die Menschen zur Frömmigkeit zu erziehen, ihnen Heilswege aufzuzeigen. Sie tut es heute noch. Ich weiß nicht, ob Du in Deiner jetzigen himmlischen Verfassung die Möglichkeit hast, Dir das Schauspiel von oben anzusehen. Die *Wallfahrtsorte* per Flugzeug und Reisegesellschaft sind heute überall in der Welt leicht zu erreichen. Je öfter pro Jahr, desto besser, desto frömmer, desto katholischer. So jedenfalls meinen viele.

Abgesehen davon, daß an solchen Reisen Geschäftsleute ihre lukrativen Einkünfte haben und daß dabei der Eindruck eines neuen religiösen Aufbruchs in aller Welt entsteht, hat man seit neuestem auch in der Kirche Aufstiegsmöglichkeiten. Wer zur organisatorischen oder religiösen Belebung von Wallfahrtsorten seine Verdienste erwirbt, hat die besten Aussichten, Bischof oder gar Kardinal zu werden. Man muß deshalb nicht besonders klug sein, nicht besonders theologisch geschult und auch nicht besonders menschenfreundlich. Aber fromm. Das kannst Du auch Deinem himmlischen Freund erzählen: dem Thomas von Aquin, wenn Du ihn triffst. Vielleicht interessiert es ihn, der in seiner Zeit bei der Besetzung kirchlicher Ämter jedem »Klugen« vor jedem »Frommen« den Vortritt glaubte einräumen zu müssen. Es hat sich eben doch etwas geändert.

Dabei wolltest Du sicher nichts gegen die echte und gesunde Frömmigkeit sagen. Diese gehört unverzichtbar zu jedem religiösen und erst recht christlichen Menschen. Sie war immer ein wesentlicher Bestandteil des Glaubenslebens und muß es ohne Zweifel bleiben. Wie die Frömmigkeit zum Glaubensleben gehört, so auch die wahre Lehre. Jeder muß doch wissen, was da zu glauben und für wahr zu halten ist. Insofern hat die Kirche jahrhundertelang alles getan, die Menschen das Glauben zu lehren: an religiöse Ideen, an Dogmen und

Glaubenssätze, an ein Lehrsystem, welches wie ein organisches Ganzes war. Dazu gehörten selbstverständlich auch Normen, Gesetze, Vorschriften und Verbote. Und weil jemand da sein muß, der sagt, wie das alles zu lernen, zu praktizieren und einzuhalten ist, hatte Jesus ja nicht umsonst die Ämter geschaffen, die besonderen Berufungen gewollt. –

Wenn also in früheren Jahrhunderten die »Staatsanstalt Kirche zur Befriedigung der religiösen und sittlichen Bedürfnisse ihrer Anhänger« alles getan hat, um den Menschen Weg und Weisung zu geben, so hat sie sich dennoch in eine *verhängnisvolle Falle* begeben. Wie es gesellschaftlich üblich war, die Menschen zu Untertanen zu erklären, so wurden sie auch in der Kirche und vor Gott untertan: Hörende gegenüber Redenden; Unwissende gegenüber Wissenden; Lernende gegenüber Gelehrten; Gehorchende gegenüber Dienstanweisern. Das hat bei ihnen die *Angst* vor sich selbst nicht gemindert, sondern eher vergrößert. Sie hat Minderwertigkeitskomplexe hervorgerufen, Aggressivitäten, Feindseligkeiten und die Angst, letztlich doch ein Nichts und ein Untertan zu sein – trotz aller schönen Sonntagsreden über die Würde des Menschen.

Dein Optimismus und Deine Ausstrahlungskraft hatten etwas mit dem »Fürchtet Euch nicht« Jesu zu tun: Fürchtet Euch nicht, Partner Gottes zu werden, Mitarbeiter an seinen Plänen für die Welt. Dabei nicht bei Appellen und abstrakten Forderungen stehenbleibend, hast Du die Menschen ermutigt, mitzudenken, mitzureden, mitzugestalten und mitzuentscheiden, sozusagen aus Kindern Erwachsene im Glauben zu werden. Dazu fühltest Du Dich als Papst berufen. Zur

Partnerschaft Gottes gehört die Solidarität unter Menschen für gemeinsame Aufgaben. Das eine geht nicht ohne das andere. Deshalb hast Du auch das Konzil einberufen. Es sollte in alle Unterabteilungen aller Länder und Kontinente weitergehen.

Menschen werden immer aggressiv und gewalttätig, wenn sie das Grundgefühl in sich tragen, daß sie nicht sie selber geworden sind; daß sie nicht sie selber sein dürfen; daß sie durch Strukturen daran gehindert werden, die für sie deshalb böse sind, weil sie *die Personwerdung verhindern*. Das hast Du auf einen Schlag in Loreto, als Du noch ein junger Student warest, beschämend erleben müssen. Was war in all den Jahrhunderten kirchlichen Lebens und Einflusses geschehen?

Gewiß, die Kirchenleute waren immer nur Menschen gewesen; die Kirche war immer eine Kirche der Sünder. Und es waren viele Fehler gemacht worden. Es hatte die Inquisition gegeben, die Hexenverbrennungen, die Kreuzzüge und die Religionskriege. Die 500 Jahre Lateinamerika waren auch nicht von schlechten Eltern gewesen; und die Missionierung und Evangelisierung der Völker durch das europäische und christliche Abendland – man schaut besser nicht so genau hin.

Andererseits hatte es auch Schuldbekenntnisse gegeben, die durchaus den Eindruck hinterlassen, daß die Betroffenen bereit sind, selbstkritisch mit sich umzugehen. Oft gaben und geben sie sogar ihr Versagen mit Zerknirschung zu Protokoll. Und am Anfang jeden Gottesdienstes betet man doch das Gebet »durch meine Schuld, durch meine übergroße Schuld«. Wie können moderne Theologen und Humanwissenschaftler solche

Schuldbekenntnisse als zu abstrakt ansehen, als nicht weiter greifbar? Wie können sie die Vermutung in die Welt setzen, »daß die verbale, zur Routine erstarrte Annahme der übergroßen Schuld ... einer Schuldverleugnung gleichkommt?« (Matussek).

Sicher muß man sehr lange über eine solche Frage nachdenken, um zu verstehen, was eigentlich damit gemeint ist. Sie scheint eine unüberbrückbare *Kluft* zum Ausdruck zu bringen zwischen persönlicher Schuld und allgemeinem Schuldbekenntnis. Letzteres kann sogar ein Alibi sein für das nicht erkannte und nicht zugegebene eigene Versagen; es kann einem Verdrängungsmechanismus gleichkommen, der die Frage nach seinem Selbst, nach der eigenen Grenze und Tragik gar nicht aufkommen läßt; es kann die »Unfähigkeit zu trauen« (Mitscherlich) bedeuten: die von der Angst bestimmte Unfähigkeit, die eigene Realität und Lebenssituation der Begrenztheit und Geschöpflichkeit zu ertragen. Wo aber nicht persönlich und für sich selbst akzeptiert werden kann, was ist, fehlt die Grundvoraussetzung für Umkehr und Besserung.

Eine Religion, die das *Heil* und die *Erlösung* auf ihre Fahne geschrieben hat, kann dann nur noch unerlöste Menschen produzieren. Sie werden umso kränker, je höher die Ideale gesteckt sind und je weniger sie den konkreten Bezug zur Wirklichkeit finden. Wenn es nicht zur »Erdung« kommt, können die Illusion und die Unwirklichkeit als größere Befriedigungsmöglichkeiten erfahren werden als die Realität, in die hinein sie nun einmal geboren worden sind – ob sie wollen oder nicht.

Der *Konflikt* zwischen Allgemeinem und Besonderem; zwischen hochgesteckten Idealen und der konkreten Wirklichkeit; zwischen angelernten Gedanken und dem Unvermögen zu persönlich verantworteten ersten Schritten; zwischen vorprogrammierten Angeboten und situationsbezogenen Maßnahmen macht die Krankheit aus, an der die Kirche leidet und viele Menschen, die von ihr erzogen worden sind. Und Dauerappelle, daß jede und jeder Getaufte zum christlichen Zeugnis und zur Lebensgestaltung im Glauben aufgerufen sind, erweisen sich als nicht geeignet, wie Medikamente eine Krankheit zu heilen, sondern verschlimmern die Krankheit, weil sie Traurigkeit und Ratlosigkeit hinterlassen.

Vielleicht deshalb auch die *Institutionsangst* der modernen Menschen. Denn mächtige Institutionen hinterlassen den allzu starken Eindruck, alles beherrschen und verwalten zu wollen: den Einzelnen, seine Beziehungen zu anderen und schließlich auch zu Gott. Sie stehen im krassen Widerspruch zu dem stets wiederholten Satz, daß der Mensch zur Freiheit berufen sei. Man könnte auch sagen: in Freiheit zu seinem eigenen Wesen, zu seiner Einmaligkeit und Personwürde, zu seinem Originalton. der allein ihm gehört. Wer verhilft zu dieser Freiheit?

Gewiß, in der Art und Weise, wie die Mutter-Kirche seit Jahrhunderten ihre »Kinder« erzogen hat, mag viel Angst eine Rolle gespielt haben: die Angst vor Häresien, vor dem Verlust des ewigen Seelenheils der ihr Anvertrauten, vor Einfluß- und Machtverlust auf Seiten derer, die sich als die wahren Berufenen mit einem ernst zu nehmenden Auftrag zur Ausbreitung des Evangeliums verstanden, letztlich die Angst vor Gott. Um diesen *Gefahren* zu begegnen, hat sie Institutionen und Ämter geschaffen, die die Versorgung der Gläubigen garantierten; sie hat die Tugenden der Anpassung und des Gehorsams gegenüber den gottgewollten Obrigkeiten (viertes Gebot) betont und das der Keuschheit und der Reinheit (sechstes Gebot) überbetont. Anderes geriet dabei nahezu in Vergessenheit: zum Beispiel in der Missionsgeschichte das fünfte Gebot »Du sollst nicht töten« – Anlässe zu dem Verdacht, es habe die Sorge um die Institutionen eben doch eine größere Rolle gespielt als die Sorge um die Menschen. »Mir ist kein Glaubensbekenntnis einer christlichen Konfession bekannt« schreibt Kurt Marti, »dessen Haupt- und Zentralsatz lautet: Gott ist Liebe (1 Joh 4,8). Dementsprechend sieht die Kirchen- und Konfessionsgeschichte aus«. –

Was nämlich vergessen wurde, waren die *konkreten Menschen*: ihre Lebenssituation, ihre Beziehungen untereinander als Voraussetzung des Gelingens der Beziehung mit Gott, ihre Beziehung zu Leib, Körper, Geschlechtlichkeit als Herausforderung zu eigener Freiheit und Reife. Die Menschen ihrerseits haben auf ihre Weise reagiert. Zunächst durch Schweigen, weil das Reden ja verboten war; durch irrationale Ängste, Minderwertigkeits- und Schuldgefühle, die immer mehr zu einem Problemstau wurden.

Als die Unkirchlichkeit auch gesellschaftlich möglich wurde, hat es die Menschen, trotz kirchlicher Erziehung, immer mehr in die Sprechzimmer der Psychotherapeuten getrieben. Und je weniger in der Kirche persönliche Anliegen begriffen wurden, desto mehr wuchs die Empörung gegen sie und alles Kirchliche. Diese richtet sich nicht nur gegen das eine oder das andere in der Kirche, sondern inzwischen gegen alle ihre

Ausdrucksformen. Sie »universalisierte« sich, so daß es immer unmöglicher wurde, den Protest auf bestimmte Themen zu beschränken, ein abwägendes Für und Wider zu entwickeln. Vor allem wurden und werden Beschönigungs- und Beschwichtigungsstrategien zu Anlässen einer neuen Ablehnung. Die Vertreter der Kirche, die stets ein großes Verlangen nach Vollkommenheit weckten und ideale Maßstäbe setzten, sahen und sehen sich selbst immer mehr konfrontiert und gemessen an dem, was stets Gegenstand ihrer Predigt war.

Insofern hat auf eine seltsame irrationale Weise der »Aufstand der Massen« für sie begonnen – überall da, wo der Wind der Freiheit und Selbstfindung zu wehen beginnt. Du hast es damals in Loreto deutlich zu spüren bekommen. Wie würde ein Papst das Erlebte für sich und seine Kirche aufarbeiten, was er als Student brüsk zu Gesicht bekam? Diese Frage hat mich schon lange fasziniert. Sie kam immer wieder hoch, wo und wann von »Johannes XXIII« gesprochen wurde.

SIEBTES KAPITEL

Was du angezettelt hast, erwies sich als krisenhaftes Unterwegssein.

Wenn ich zurückdenke an das gewaltige positive Echo, welches Deine Maßnahmen und Gesten in der Weltöffentlichkeit hervorgerufen haben, kann ich kaum glauben, wie sich dies heute verändert hat. Hast Du *zu hohe Erwartungen* geweckt? Hast Du Deinen Leuten etwas zugemutet, dem sie nicht gewachsen waren? Oder war das alles zu utopisch, indem Du die Menschen und gläubige Kirchenangehörige überschätztest? Dann hätten ja die heutigen zentralen Ordnungshüter Recht, die wieder mit klaren Weisungen und »objektiven« Maßstäben deutlich machen, wo es lang geht.

Die Kirche verdient es seit Deinem Auftreten übrigens nicht, daß alle möglichen Plattheiten über sie verbreitet werden. In den Medien ist stets vom Zölibat die Rede, von undemokratischen Strukturen, von Sexualfeindlichkeit und wachsenden Kirchenaustritten, von Priestern, die ihr Amt niederlegen, von der Männerwirtschaft ... Es gibt Schlagworte genug, die nach Strich und Faden madig zu machen versuchen, was immer noch vielen Menschen heilig ist.

Eine *Kirchenzeitung* hat neulich ihren Ärger über solch kirchenfeindliche Gehässigkeit wie folgt zum Ausdruck gebracht: »Ärgerlich bleibt, daß die sich multiplizierenden Plattheiten die Wirklichkeit kirchlichen Lebens grob verzerren. Tausende Priester predigen

Sonntag für Sonntag eben nicht mit dem erhobenen Zeigefinger, sondern sprechen den Menschen Mut zu und teilen ihre Sorgen. Krankenhausseelsorger, Ordensschwestern oder auch engagierte Pfarrangehörige sind es, die Sterbenskranke mit tröstenden Worten begleiten, sie pflegen und verzweifelte Angehörige aufrichten. Katholische Erzieherinnen leisten Tag für Tag in den kirchlichen Kindergärten nach zeitgemäßen pädagogischen Grundsätzen wertvolle Erziehungsarbeit. Oder die kirchlichen Bildungshäuser – sie bieten längst nicht nur theologische Seminare und Vortragsreihen an, sondern veranstalten Tagungen, bei denen es um Lebenshilfe und Erziehungsfragen geht. Mit anspruchsvollen Kulturprogrammen oder auch meditativen Themen erreichen diese Häuser jährlich viele tausend auch der Kirche fernstehende Menschen. Wohl der Gemeinschaft, die in ihren Gottesdiensten angesichts der schlimmen Gewalttaten im ehemaligen Jugoslawien noch zu beten vermag, die sich aktiv um Obdachlose, Flüchtlinge und Asylbewerber bemüht, die nicht zuletzt Jahr um Jahr mehrere hundert Millionen Mark zur Linderung akuter Not spendet. Diese Binnenansicht der Kirche paßt natürlich nicht in Medien-Konzepte, die im Kampf um hohe Einschaltquoten ausschließlich auf Zoff setzen.«

Besser und gerechter kann man die Realität nicht ausdrücken. Da können auch die besten und engagiertesten Christen nichts machen, wenn Fernsehleute nur auf »Zoff« und »Einschaltquoten« setzen. Sie sollten gute kirchliche Arbeit auch nicht leicht erschüttern können. Zur Zeit Jesu gab es auch schon Gegner und »Fernstehende«. Als Jesus das Reich Gottes mit der

Einladung zu einem Hochzeitsmahl verglich, da meldeten manche Geladene ihre Entschuldigung an: der eine mußte einen Acker kaufen, ein anderer sich um seine Ochsengespanne kümmern, ein dritter war gerade dabei, sich zu verheiraten. Also konnte keiner von denen, die geladen waren, am Festmahl teilnehmen (vgl Lk 14,15–24).

Heute gibt es ebenso viele andersartige Interessen und Beschäftigungen. Aber muß deshalb die Öffentlichkeit so boshaft sein, trotz der vielen wohltätigen Einrichtungen, die von Millionen geschätzt und in Anspruch genommen werden? Ich denke in diesem Zusammenhang an eine Ansprache, in der Du von der Zukunft sprachest. Von der Peterskirche aus müsse man die Zukunft planen. Und dann die Sätze: »Laßt uns also deutlich miteinander reden. Klipp und klar wollen wir uns verständigen, nicht zwischen den Zeilen. Binden wir uns keine Märchen auf.«

Ich glaube, diese Sätze sind gefallen im Zusammenhang mit Deiner Warnung vor den allzu vielen neuen Frömmigkeitsformen. Dabei erinnere ich mich der *drei Ordensschwestern*, die viele Jahre ihres Lebens in einer Sozialstation gearbeitet hatten. Ich habe selten so engagierte und mutige Frauen mitten in einer deutschen Großstadt erlebt. Aber was sie mir nach einem langen Gespräch über ihre Gesamteinstellung zum Leben und zur Arbeit als Ordensfrauen sagten, klang so ähnlich wie Deine Warnung, die Du früher ausgesprochen hattest: »Bei den vielen ungelösten Problemen, die die Kirche heute hat und die ihre zentralistischen Ambitionen auch nicht mehr zu lösen in der Lage sind, kommen wir uns oft vor wie Feigenblätter, die gerade gut genug sind, um

Schwächen zu verbergen und dem Ganzen ein gutes ›Image‹ zu geben.«

In einem »Lexikon der Symbole« habe ich nach dem Gespräch eigens nach der Bedeutung des *»Feigenblattes«* Ausschau gehalten. Da hieß es, daß dieses Symbol häufig mit Sünde gleichgesetzt worden ist und »eine höchst negative Bedeutung« annehmen kann. Es dient in der Kunst aber auch als Lendenschurz, welcher dazu da ist, um Scham, Blöße und selbstverschuldete Sündhaftigkeit zu verdecken. –

Als Du damals in Deiner Rede davon gesprochen hast, daß wir uns selbst keine Märchen aufbinden sollten, da zieltest Du offensichtlich auf jene »Feigenblätter der Frömmigkeit und caritativer Werke«, die durchaus zu Lebenslügen und Selbstbetrug verleiten können. Sie können die »Scham« und damit entscheidende Probleme unsichtbar machen, so als gäbe es sie gar nicht. Dann läuft man tatsächlich mit Scheinlösungen in der Weltgeschichte herum; nennt die Werke der Frömmigkeit und der Caritas gern beim Namen und zählt sie auf, ohne daß noch wahrgenommen wird, wo die eigentlichen Probleme liegen und welche da sind. Eine solche Kirche gleicht einem Arzt, der eine falsche Diagnose stellt und daher nicht mit jetzt notwendigen Medikamenten helfen kann; einem Kurpfuscher, der stets von den gesunden Organen redet und das eine dabei übersieht, welches den Todeskeim in sich trägt.

Bei Grundeinstellungen und »Mentalitäten«, bei denen nicht sein kann, was nicht sein darf, können Menschen nicht nur blind werden für die wirklichen Realitäten, sondern sie neigen mit großem Eifer auch dazu, die Tatsachen solange zu verdrehen, bis die Theorien wieder stimmig sind. Oft werden sie zu »Glaubensfragen« hochstilisiert in der falschen Annahme, auf diese Weise das Volk wieder einen zu können. So kommt es z. B. vor, daß angesichts des immer gravierender werdenden Priestermangels sogar Bischöfe ihre Stimme erheben und die theologische Frage nach den *»bewährten Männern und Frauen«* laut stellen. Solchen Bischöfen kann es dann passieren, daß ihnen lautstark ein deutscher Kollege im Kardinalsrang die Belehrung erteilt, »Zweifel am Zölibat seien im Grunde Zweifel an der Wirklichkeit und Erfahrbarkeit Gottes«, Zeichen einer »gegenwärtigen Glaubenskrise«. Der Zölibat sei letztlich keine Frage des Kirchenrechts oder der Glaubenslehre, sondern »eine Frage des Glaubens an Gott ... Wer das nicht fassen kann, der sollte wenigstens seine mangelnde Gotteserfahrung anderen nicht aufzwingen wollen.«

Ich weiß nicht, lieber Bruder Johannes, ob ich über solche »Glaubenserfahrung« eines Kardinals lachen, weinen oder sarkastische Bemerkungen machen soll. Oder über die »mangelnde Gotteserfahrung« seiner Mitbrüder im bischöflichen Amt. Auf jeden Fall beweist aber ein solches Beispiel die ideologische Blindheit eines Blindenführers, die naturgemäß von der Öffentlichkeit seismographisch registriert wird. Wer kann sich da auf wen verlassen? Wie hast Du die Probleme gesehen; wie als »Realist auf dem Papstthron« wolltest Du sie lösen?

Ich glaube, Du wolltest sie gar nicht lösen, vor allem nicht zentralistisch, bürokratisch, verwaltungstechnisch. Du wolltest alle irgendwie Betroffenen in einen *Denk- und Suchprozeß* hineinziehen; das Lernen aus Erfahrung und im Glauben sollte gemeinsam geübt und gemeinsam zur Sprache gebracht werden; alle Menschen »guten Willens« sollten ihr Bestes zu geben in die Lage versetzt werden. Nur durch die Mobilisierung aller Kräfte sollten adäquate Antworten auf die Fragen der Zeit gefunden werden. Hatte es sich doch schon sehr lange als unmöglich und geradezu tragisch herausgestellt, daß man mit alten Antworten neue Zeiten nicht bestehen kann. Du sahest Zeiten heraufkommen, in denen jeder Kopf, jedes Herz und jede Hand gebraucht werden.

In solchen Zusammenhängen ist dann immer wieder von der »Kirchenreform« an Haupt und Gliedern die Rede gewesen. Das war kein neues Anliegen. Von der Kirche, die stets zu reformieren ist, wußten alle Jahrhunderte. Dennoch war das Wort »Reform«, vor allem im Zeitalter der Reformation Luthers, suspekt geworden. Es wurde fast identisch mit Reformation, Revolte, Spaltung...

Insofern war es sehr mutig, daß das Anliegen der Reform nun plötzlich wieder hoffähig wurde, ja sogar zentral in die Mitte Deiner Überlegungen trat. Aber es war aus vielen Gründen auch sehr gefährlich. Zunächst bedeutete es ja wiederum das Eingeständnis, daß die »heilige Kirche« als »vollkommene Gesellschaft« reformbedürftig sei. Wer konnte das wirklich nachvollziehen nach Jahrhunderten, in denen das Absolute, das Unfehlbare, das unwiderruflich Richtige und Wahre für alle Zeiten in die Herzen und Köpfe der Menschen und vor allem der Amtsträger in allen Rängen gehämmert worden war?

Zudem sollten *alle Menschen* an Denk- und Entscheidungsprozessen beteiligt werden. Diese hast Du zuerst Deinen Brüdern im geistlichen Amt zugestanden. Eigentlich eine Selbstverständlichkeit für Zeitgenossen, war es für die Kirche ein neuer Vorgang. Ich erinnere mich an erste schärfere Gegensätze, die beim Konzil zwischen verschiedenen Gruppierungen und Einstellungen auftraten. Besorgt über die »Unstimmigkeiten«, die für die Massenmedien wegen der bisher gewohnten zementierten katholischen Einigkeit und Einmütigkeit völlig ungewohnt waren, beschwörten Dich damals hohe Würdenträger, Du mögest schlichtend eingreifen und dem Diskutieren und Streiten ein Ende setzen. Du hast dieses Ansinnen damals mit den Worten abgelehnt: »Es ist nur zu natürlich, daß jeder Konzilsvater seine Gedanken vorbringen will. Das ist die heilige Freiheit, die von der Kirche geachtet wird.« Und sorgenvollen Stimmen, die immer lauter wurden, weil sie auf längeren Wegstrecken nicht wußten, wie es weitergehen würde, hast Du beschwichtigend gesagt: »Wir haben alle noch kein Konzil mitgemacht. Die Dinge sollen ruhig an uns herantreten, wie sie sich zutragen. Letzten Endes müssen wir alle erst einmal lernen. Gegenüber dem Konzil sind wir alle Novizen.«

Die bisher lehrende und die ganze Welt belehrende Hierarchie war also eine Gruppe von *»Neulingen«*; sie sollte zu einer lernenden Gemeinschaft mit den Menschen werden: mit Gläubigen und Ungläubigen. Das war schon mehr als eine Reform. Das war eine Revolution. Wo würde es hinführen, wenn von nun an die Männer und Frauen, das bisher stumme und sprachlos gebliebene Volk seine Stimme in die Waagschale warf? Was würde werden, wenn aus den Anfängen Deiner Reform ein dauerhafter Prozeß würde, der alle Glieder erfaßte: die Ortskirchen in Afrika, Lateinamerika, Asien und Europa...? Worauf würde eine Entwicklung hinauslaufen, die die Kirchen »an der Basis« so eigenmächtig und so selbständig werden ließ, daß sie in vielen Dingen »nach oben« nicht mehr fragten und zur Zentrale nicht mehr ängstlich schielten?

Im Blick auf die herkömmlichen Ämter und Autoritäten, die es gewohnt waren, als Hirten eine mehr oder weniger stumme Herde zu lenken und zu leiten, konnten bei solchen Fragen leicht jene Worte des Magnificats in Erfüllung gehen, die Lukas die Gottesmutter Maria über die »Größe des Herrn« singen läßt: »Er erbarmt sich von Geschlecht zu Geschlecht ...; er vollbringt machtvolle Taten...; er stürzt die Mächtigen vom Thron und erhöht die Niedrigen. Die Hungernden beschenkt er mit seinen Gaben und läßt die Reichen leer ausgehen« (vgl. Lk 1,46–55). Oder wie Petrus es in seiner Pfingstpredigt formuliert hat: »Eure Söhne und Töchter werden Propheten sein, Eure jungen Männer werden Visionen haben...« (Apg 2,17).

Ich glaube, daß Vieles seit dem Konzil so gekommen ist. In vielen Fragen hat das Volk, haben die einfachen Leute ihr *eigenes Gewissen* entdeckt; sie haben die Grundintentionen des Konzils verstanden. Dabei haben viele ihre herkömmliche Autorität verloren.

Sie hätten sie auf eine andere Weise wiederfinden können. Vielleicht wie Du, die Du Deine Autorität nie verspielt hast. Denn es war eine natürliche, eine Dir zugewachsene. Du hast sie Dir bis zuletzt nur dadurch erhalten können, daß Du auch den Menschen die ihnen zukommende Autorität und Freiheit zugestanden hast. Du hast sie in Prozesse des Nachdenkens, des Betens und des Vertrauens auf den Geist Gottes eingebettet, der auch die holprigen Wege der Menschen begleitet; der nie aufgehört hat, einer Christenheit nahe zu sein, die sich wirklich, nicht dirigistisch und kirchenrechtlich, in Deinem Namen versammelt.

Dir ist es als Hirte und als Autorität ein gutes Stück gelungen, *synodale Prozesse* in Gang zu setzen. Du hast eine glaubensgeschichtliche Wende herbeigeführt und gelehrt, Spannungen auszuhalten; Du hast das Vertrauen verbreitet, daß sich neue Lösungen auf die »Zeichen der Zeit« schon finden würden. Aber alle müßten bereit sein, auch die im geistlichen Amt, »Neulinge« zu sein und zu bleiben. Wie konnte das möglich sein bei denen, die mit Dogmen umzugehen gewohnt waren; die die Bibel interpretierten und bei Verfahrensfragen das Kirchenrecht zur Geltung brachten? –

Synodale Prozesse müßten nach Deiner Meinung auf allen Ebenen in Gang kommen. Ich denke an das Konzil und die darauffolgenden Synoden/Foren in Medellin und Puebla für Lateinamerika, in Würzburg, Rottenburg/Stuttgart, Hildesheim, München und Freiburg.

Zuerst waren sie von Begeisterung und Erwartung bestimmt. Dann aber mußte etwas *Konkretes* geschehen. Schritte wurden unternommen, die die Mentalität sowohl der Hirten als auch der Herde zu verändern im Stande waren. Im Miteinandersprechen und Miteinanderbeten um die Wege Gottes in der gegenwärtigen Zeit wirkte es schon wie eine Sensation, daß auch Nichtfachleute zu sprechen begannen, daß sie Nöte, Sorgen, Anliegen und Ideen zu artikulieren vermochten. In Afrika und besonders in Lateinamerika konnte ich immer wieder mit Erstaunen feststellen, wieviel Lebens-

und Glaubenserfahrung sogar Analphabeten gemeinsam zu reflektieren und weiterzugeben imstande sind.

An erster Stelle scheint es *Lateinamerika* zu sein, wo eine mächtige christliche Bewegung entstand. Die Länder der Dritten Welt taten sich überhaupt leichter als die herkömmlichen. Wahrscheinlich waren sie weniger im Guten verhärtet, weniger Gefangene theologischer Sätze und liebgewordener Traditionen, deshalb unvoreingenommener gegenüber den Realitäten, die ihnen unter den Nägeln brannten.

Aber auch bei uns in Europa war zu beobachten, wie Christen und Gemeinden so etwas entwickelten wie ein *Urvertrauen zu sich selbst* und damit eine wachsende Autonomie und Willensäußerung. Bei dem von ihnen entdeckten Kompetenzzuwachs, bei der sich entwikkelnden Zielstrebigkeit und der nie dagewesenen schöpferisch-generativen Leistung trat in der Weltchristenheit etwas zutage, was aus der herkömmlichen Stagnation zu führen in der Lage war.

Gewiß nicht mit einem Schlag, sozusagen von einem Tag zum anderen. Wie hätte dies seit Jahrhunderten der Unterwürfigkeit, des angstvollen Schielens nach oben und des gehorsamen Abfragens der »Wahrheit« bei den dafür Zuständigen geschehen können? So zeigten sich auf dem von Dir ermutigten Weg der Christen, als Verantwortung und Treue zu sich selbst verstanden, bald auch Fehltritte und Fehlgriffe. Was Du angezettelt hast, erwies sich als ein *krisenhaftes Unterwegssein* – wahrscheinlich unverzichtbare Bedingung für eigenes Wachsen und Reifen im Glauben; aber dennoch für herkömmliches Denken zu gefährlich, als daß es nicht massive Gegenwehr hätte hervorrufen müssen.

Da stehen wir nun heute. Was Dein Pontifikat an Umbrüchen und Neuorientierungen ermöglichen wollte, hat andererseits zu so vielen Angstreaktionen geführt, daß dabei die narzistische Ich-Bezogenheit der Kirche seit Jahrhunderten vor aller Öffentlichkeit offenkundig geworden ist. Geht es garnicht um eine Botschaft, um den Fortgang der Denkweise und der Taten Jesu in der Geschichte? Geht es im letzten doch nur um Selbstbehauptung und Selbsterhalt?

So sind wir im Augenblick dabei, mit einem vielschichtigen *Schisma* fertig zu werden oder besser gesagt: nicht fertig zu werden. Die einen aktivieren und mobilisieren sich an der Basis – oft so sehr, daß sie innerlich oder äußerlich nicht mehr »drin« sind, weil sie durch nichts und niemanden mehr gehalten werden können. Die anderen stützen sich auf das Schwergewicht des Bestehenden, welches immer noch »sicherer« ist als das Neue, Ungewohnte, Unerfahrene.

Vom Konzil wird von ihnen gesprochen als einer jetzt abgeschlossenen und abzuschließenden Phase der Reformen, der nun die Zeit der *Stabilität* zu folgen habe. Reformen sind nach ihrer Auffassung nicht mehr nötig, nur noch deren Ausführungsbestimmungen – natürlich durch die herkömmlichen Autoritäten, verbunden allerdings mit dem »Nachteil«, daß sie es weitgehend nicht mehr sind, weil ihnen solcher Anspruch aus dem Volk nicht mehr zuwächst. Dennoch wird wieder *normativ* vorgegeben und vorgeschrieben, was »im Glauben« anzunehmen ist – auch solche Maßnahmen, die in keinem Glaubensbekenntnis festgeschrieben sind.

Damit wird auch dem Gang und Fluß der Geschichte verordnet, ins Stocken zu geraten. Dem »Volk auf dem Weg« wird gesagt, daß es kein Volk auf dem Weg mehr zu sein habe. Stattdessen wird auf eine *ungefährliche Form von Reformen* verwiesen: auf die der Gesinnung, der Herzen, der Frömmigkeit, der »Spiritualität«, so als könnten Lichterketten und Prozessionen den Mangel an Zivilcourage und fehlenden Realitätssinn auf kurze oder längere Sicht ersetzen.

Bei allen Vorkommnissen der letzten Jahrzehnte kann ich mich des Eindrucks nicht erwehren, daß das christliche Volk Deine Anliegen besser begriffen hat als ein Großteil der Hierarchie. Es war zum Umdenken und Umlernen bereit, vor allem, weil ihm ja selbst Mut gemacht wurde zum Reifen und Erwachsenwerden im Glauben, statt ängstlich auf Herkömmlichem zu verharren. Aber gerade dieser Mut hat eben die vielen Ängste bei den Hirten ausgelöst. Diese hatten es gelernt, mit Bibel, Dogmen und Gesetzen umzugehen, nicht aber mit Menschen, mit Prozessen, mit kontroversen Vorstellungen und Ideen. Dabei wäre für sie nur Eines wichtig gewesen: die *verlorene Mitte* zu finden und alle am Wesen des Christentums zu orientieren – an jenem Mann aus Nazareth, der als Gottgesandter ein für alle mal der Welt vor Augen geführt hat, mit welcher Art des Denkens und in welcher Form konkreten Handelns im Blick auf real-existierende Lebenslagen »Reich Gottes« schon jetzt werden und wachsen kann.

Vielleicht ist dies die entscheidende *innerkirchliche Katastrophe* seit Deinem Konzil: anstatt sich wieder auf die Reich-Gottes-Ethik Jesu zu besinnen und eine dafür notwendige Zustände-Reform an Strukturen und Ämtern in Gang zu halten, versucht man die Menschen wieder auf die herkömmliche Kirchen-Ethik einzuschwören. Oder auf eine Hierarchie, die ihre letzte Zuständigkeit in Entscheidungsprozessen mit einer Alleinzuständigkeit verwechselt und dabei glaubt, alle heute notwendigen Maßnahmen müßten allein von ihr kommen – ein Anspruch, der ihre Autorität erneut in hohem Maße mindert.

Dennoch: man kann das Rad der Geschichte nicht zurückdrehen. Gottes Taten gehen weiter. Sie gehen durch Menschen weiter, wenn auch Unordnungen und Unsicherheiten dabei auftreten. Der Mut, aus sicheren Gehäusen auszubrechen und das Wagnis des Weges auf sich zu nehmen, ist bei der Stabilität früherer Verhältnisse nie gewachsen. Das Rudern in den Wogen der Zeit wurde nie geübt und die Orientierung am Kompaß der Zeichen der Zeit nie als notwendig empfunden. Sicher müssen viele liebgewordene Festigkeiten noch mehr unter den Füßen ins Wanken geraten, bis die Zivilcourage zu neuen Ufern aufgebracht wird. Du hast es mir in den Kopf gesetzt: eine Christenheit, die nicht auf den See hinausfährt, sondern die Sicherheit des Ufers vorzieht und zu Hause bleibt, wird nie die Erfahrung des reichen Fischfangs machen. Sie wird in bedeutungslose Sekten auseinanderdriften; sie wird ihre Anhänger aus den Reihen rekrutieren, bei denen unter Abschaffung der Freiheit und Persönlichkeit religiöser Infantilismus angesagt ist.

ACHTES KAPITEL

Dein Umgang mit Menschen war die »Sprache« Deines Gottesbildes.

Manches, was Du während Deiner Regierungszeit getan und veranlaßt hast, ist für viele Deiner Zeitgenossen unverständlich und anstößig geblieben. Heute möchten es viele wieder vergessen machen, weil es für sie immer noch nicht nachvollziehbar ist. Sie wollen es auch nicht ernstlich in Erwägung ziehen, weil es so viel Unsicherheit und Bewegung in eine Kirche gebracht hat, die immer auf Sicherheit und Ordnung aus war: auf klar formulierte Sätze, auf eindeutige Weisungen und Anweisungen, auf Felsenblöcke – Fundamente angeblich unzerstörbaren Glaubens. Und Menschen suchen bis heute solche *Gottessicherheit* – was allen kirchlichen Maßnahmen eine hohe Plausibilität verleiht.

Jedenfalls hat der Kirchenbetrieb jahrhundertelang so funktioniert. Es gelang auf diese Weise, die Kirche in allen Ländern und Kontinenten einzupflanzen, Seelen zu retten und vor allem die Gläubigen kirchlich zu integrieren und sich von anderen abzusetzen. Wie sich die Menschen eindeutig an allen kirchlichen Vorgaben zu orientieren hatten, so natürlich auch Gott. Es war doch klar, daß Gott auf dem Boden katholischer theologischer Forschung und Weisung stand und nicht oder viel weniger auf dem der Protestanten, Orthodoxen und Anglikaner, ganz zu schweigen von der Heillosigkeit nichtchristlicher Heiden.

Du hast als Papst den Gläubigen ihre *Selbstsicherheit* und vielleicht auch *theologische Arroganz* genommen, sicher aber das so gut ins Konzept passende konfessionalisierte und domestizierte Gottesbild. Denn in früheren Zeiten war allzu leicht der Eindruck entstanden, als wäre es geradezu die Aufgabe der Verkündigung, unfehlbar, leicht und vertraulich über Gott reden zu müssen, so als gäbe es für sie letztlich keine Geheimnisse mehr. Zahlreiche *Karikaturen* sind von Gott entstanden: das Bild vom großen Polizisten, der sich vor allem für Gesetzesübertretungen interessiert; das Bild vom kosmischen Buchhalter und Leistungsgott, der mit erschreckender Genauigkeit die Liste menschlicher Taten und Untaten registriert; das Bild des Allsehers in alle Gedanken und Winkel der Seele; das Bild des Zauberers, der bei den einen Wunder tut und ziemlich unverständlich am Leid und der Not anderer vorbeisieht; das Bild des Lückenbüßers, der ständig herbeizitiert wird da, wo Menschen an ihre Grenzen stoßen; das Bild des Folterers und strafenden Zuchtmeisters, der danach trachtet, die Bösen in die Hölle zu stoßen, vor allem auch die ungetauft verstorbenen Kinder und die armen Heiden. –

Gewiß, Menschen haben zu allen Zeiten die große Neigung verspürt und sind ihr erlegen, sich Bilder von Gott zu machen. Alte germanische und ägyptische Höhlenzeichnungen geben seit Jahrtausenden Kunde davon; in allen Natur- und Weltreligionen ist auf hundertfache Weise die Rede von Gott.

Während in früheren Zeiten kirchlich eher von einem Gott die Rede war, der Angst machte, der das Selbstwertgefühl des Menschen deformierte, der Minderwertigkeitskomplexe hervorrief, der das Sünden- und Schuldbewußtsein übermäßig strapazierte, herrscht heute eher eine gegenteilige Neigung vor. Gott wird zum pflegeleichten Kuschelgott, zum lieben und harmlosen Gott, der niemandem etwas zuleide tut und immer nur mitfühlende und triefende Barmherzigkeit übt.

Gerade um die entscheidenden Fragen über Gott nicht der *menschlichen Beliebigkeit* auszusetzen, war es offensichtlich notwendig gewesen, daß es von Gott eingesetzte Stellvertreter gab, die Klarheit schufen, für Ordnung sorgten und alles Häretische exkommunizierten. So war amtlich und verbindlich dauernd davon die Rede, welches der Wille Gottes ist; welchen Menschen er für was in der Welt und Kirche ausersehen hat; was an Leid und Elend er in der Welt gefügt und zugelassen hat, ohne es zu wollen...

Je klarer die Aussagen und Definitionen über Gott ausfielen; je eindeutiger sie in der Lehre und im »umfassenden Glaubenssystem« verankert waren, desto mehr *Gottes- und Heilssicherheit* schienen den Menschen garantiert werden zu können. Wenn es da die »Feinde der Kirche« nicht gegeben hätte; in der Neuzeit die Humanisten und Naturwissenschaftler, die immer mehr Zweifel in die Welt setzten durch die Behauptung, daß es so etwas wie Absolutheit, Unfehlbarkeit, ewig Objektives nicht gibt und geben kann, weil jede Erkenntnis und auch jedes Wissen über Gott relativen Bedingungen unterworfen bleibt.

Gotteswort ist immer auch *Menschenwort*; es bleibt eingebunden in zeitbedingtes menschliches Denken, Hoffen, Sehnen und Ahnen. Gottesbilder entstehen immer in der konkreten Lebenslage von Menschen und

Völkern. Darin liegt auch ihr *Gefahrenpotential.* Nicht Gott ist gefährlich; aber die Meinungen, die sich Menschen von ihm machen, vor allem dann, wenn sie ein für alle mal festgeschrieben werden und den Eindruck hinterlassen, als wären die menschengemachten Gottesbilder identisch mit Gott. Dann kann beispielsweise das Reden vom lieben und barmherzigen Gott in einer Situation unsäglichen Leids und Elends ein Skandal sein, eine Gotteslästerung. –

Du hast damals schon im Umgang mit Vertretern verschiedenster Religionen und Weltanschauungen zum Ausdruck gebracht, daß jedes Wissen über Gott immer zugleich ein noch größeres Unwissen bedeutet; daß man sich auch als gläubiger Mensch und einflußreicher Religionsvertreter nicht zu wichtig nehmen sollte. Manchmal hatte ich bei Deinem Auftreten und Deinen Äußerungen den Eindruck, als wärest Du den kirchlich so verpönten »modernistischen« und »säkularisierten« Menschen dankbar dafür, daß sie dazu ermutigten, mit dem Begriff »Gott« nicht allzu leichtfertig herumzumogeln und ihn für liebgewordene, aber überkommene Menschen- und Weltbilder als Garant und Hüter einzusetzen.

Was andere nicht vermochten, hast Du bei vielen »Atheisten« entdeckt. Bei ihnen finden sich keine festen Definitionen von Gott; eher eine radikale Ablehnung all dessen, was nach »Gottessicherheit« aussieht oder was ihnen als solche anerzogen wurde. Dennoch war bei vielen von ihnen die Sehnsucht nach einem ganz anderen spürbar; die Hoffnung, daß das auf Erden gelebte Leben nicht sinnlos und umsonst gewesen sein möge; die Ahnung eines erlösteren Daseins. War dies der *»kapellen-*

lose Glaube, der überall in der Welt seine Wunder tut«, von dem Rainer Maria Rilke gesprochen hat?

Höchstwahrscheinlich war auch die Kirche zu selbstsicher und zu eindeutig – unfehlbar mit dem Namen Gottes umgegangen und hatte gerade deshalb die Menschen vertrieben. In dem ihr staatspolitisch zugewachsenen Bewußtsein, sie müsse für ihre gläubigen Untertanen religiös und moralisch Sorge tragen, hatte sie den Menschen unfehlbare Wahrheiten und Weisungen gegeben; sie hatte die Heiden unter vielen Völkern genötigt, *äußerlich* hereinzukommen, aber *innerlich* doch unbeteiligt und ferngesteuert zu bleiben. Dabei hatten sehr viele von ihnen die Fähigkeit zu religiöser Disziplin und Anpassung gezeigt, vor allem wenn sie mit gesellschaftlichen Vorteilen verbunden war. Gleichzeitig hatten sie ihre Hoffnung, ihre Sehnsucht, ihre Ahnung, ihr Suchen nach dem ganz Anderen verloren.

Daß ihr »sicheres Glaubensfundament« eher ferngesteuert war und die Menschen in ihrer Existenz nicht sonderlich berührte – dafür gab es neuzeitliche Belege genug: die rapide wachsende Unkirchlichkeit in dem Augenblick, wo der Wind der Freiheit zu wehen begann; der lang andauernde Entfremdungsprozeß, der bei Umfragen bis heute eine Rolle spielt; die Frage nach dem »Nutzen« der Religion, die die Welt und die Menschen auch in christlichen Jahrhunderten nicht wesentlich verändert hat; die in der Gegenwart sich dramatisch zuspitzende Lage der »ausblutenden Gemeinden«...

Manchmal denke ich, daß Du dasselbe gemeint hast, was *Antoine de Saint-Exupéry* in die Worte gekleidet hat: »Wenn Du ein Schiff bauen willst, so trommle nicht Männer zusammen, um Holz zu beschaffen, Werkzeuge vorzubereiten, Aufgaben zu vergeben und die Arbeit einzuteilen, sondern lehre die Männer die Sehnsucht nach dem weiten, endlosen Meer.«

Du wolltest als Papst zwar keine Schiffe bauen, aber Du wolltest dem christlichen Anliegen auf Zukunft hin eine Sprache geben. Vielleicht hatte Deine Kirche zu viel institutionalisiertes Holz beschafft; die theologischen Begriffshantierer hatten zuviele Werkzeuge zur Hand und die Aufgaben waren zu sehr an Männer verteilt worden, die auch in der Kirche Anerkennung, Abenteuer, Ruhm, Ehre und eigene Karriere suchten. Dabei war ein wenig »mystisches Christentum« entstanden, weil – im Besitz der Wahrheit – diese zu suchen nicht mehr nötig war. Deshalb waren offensichtlich viele Aktivitäten der Bekehrung, der Seelenrettung, der Kircheneinpflanzung und der religiösen Versorgung in allen Kontinenten sinnlos und allzu oft gewissenlos vorangetrieben worden – nicht zufällig in Begleitung von Kanonenbooten, Soldaten und Kolonialbeamten.

Sicher auch deshalb Dein energisches »Zurück zu den Quellen«. Denn auch Jesus hatte kein dogmatisches Handbuch verfaßt; er hatte keine Dienstanweisungen gegeben. Er hatte das Reich Gottes verkündet, dabei die Menschen zur Freiheit der Entscheidung aufgerufen und allen, die es wollten, die Möglichkeit verschafft, sich ohne Zwang auszudrücken und einzuschalten – also eine *Aktivität* zu entfalten, welche ganz ihrem menschlichen Wesen entsprach und ganz im Einklang stand mit den in ihnen wohnenden Seelenkräften.

Als »Ebenbilder Gottes« sollten sie ihre Vernunft, ihr Gefühl, ihre Empfänglichkeit nicht nur entfalten, sondern in den Dienst der Vorhaben Gottes mit der Welt und Schöpfung stellen können. Denn alle noch so religiös gemeinten Aktivitäten bleiben Augenwischerei und Selbsttäuschung, wenn sie vorgeschrieben, manipuliert und von außen auferlegt sind; wenn sie nicht aus einer inneren Bekehrung erwachsen und aus jener Beziehung kommen, die Gott mit den Menschen sucht und die Menschen zu pflegen und zu kultivieren haben.

Für Dich ist *wachsender Glaube* mit wachsender Beziehung fast identisch geworden. So war es ja auch in den ersten christlichen Jahrhunderten gewesen. Die Bibel war weder ein Buch mit einem eindeutigen Gottesbild noch mit einer zweifelsfreien Dogmatik oder Ethik. Sie bestand aus historischen Dokumenten, welche das vielgestaltige Ringen von Menschen und Gemeinden um ihren Glauben an Christus bezeugen. Die in der Welt und Geschichte ereignete »Menschwerdung Gottes« hatte ein vielgestaltiges, zum Teil auch gegensätzliches Ringen um die Person Jesu zur Folge. Es hatte sich in verschiedenen *Jesus-Bildern* niedergeschlagen: Paulus konzentriert sich ganz auf den gekreuzigten und auferstandenen Christus; Lukas mehr auf seine Lebensgeschichte von Kindheit an.

Um die Jesusbotschaft in ihrem Reichtum effektiv zu gestalten und fruchtbar werden zu lassen, entwickelte sich in der Zeit des neuen Testaments bereits eine *»plurale Theologie«*. So gab es die judaisierenden Christengemeinden und die libertinistischen Heiden-Christen; es gab die zelotischen Rigoristen mit ihrem Kampf gegen für sie zu passive und laue Gemeinden; ebenso die Enthusiasten und Radikalen, die sich gegen die besonnenen und nüchternen Christenkreise wandten...

Es gab ein spannungsgeladenes Miteinander bei den

unterschiedlichen Zugangswegen zu Christus und seiner Botschaft. Es entwickelten sich in den ersten Jahrhunderten in großer Freiheit und Eigenständigkeit kirchliches Leben und christliche Lebensformen, die sehr vielgestaltig und unterschiedlich waren. Das war offensichtlich nur möglich, weil sie den Gefahren der *Mythisierung* und der *Idealisierung* einer Person nicht verfielen. Das Unzureichende der *gedanklichen Spekulationen* und damit der Hybris und Überlegenheit der einen über die anderen konnte nur dadurch vermieden werden, daß immer wieder nach den wirklichen Worten und Taten Jesu gefragt wurde, die es leuchtend und wirksam zu machen galt. Deshalb bestand ihre »Theologie« nicht darin, akademisch-selbstgefällig abzuheben und in Gedankenakrobatik zu verfallen, sondern sie suchte gemeinsam nach dem, was die Apostel für ihr konkretes Hier und Heute sagten und was im Jetzt zu geschehen habe.

Dabei waren alle »geistbegabt«; alle trugen dieselbe Verantwortung; alle mußten miteinbezogen werden. Weil alle von der Offenbarung Gottes betroffen waren, hatten auch alle ihre Erkenntnis Gottes und ihre Liebe zu Gott an andere weiterzugeben. Nicht das gelehrte Buch machte christlich, sondern »das Ganze des Christenlebens bestand in der Erfahrung und im alltäglichen Vollzug«, wie Johannes Cassian (gest. 430/435) schreibt.

»Consensus horizontalis« und *»consensus verticalis«* in allen wichtigen Angelegenheiten des Christenlebens nannte man über 1000 Jahre lang das, was sich im Neuen Testament, in der Didache (um 100), in der Kirchenordnung Hippolyts (frühes 3. Jahrhundert), unter Origines

(Mitte des 3. Jahrhunderts) und Ambrosius (Ende des 4. Jahrhunderts) entfaltete. Die Vielfältigkeit christlichen Denkens und Lebens ging ein in die verschiedensten Patriarchatskirchen bis ins 11. Jahrhundert. Für uns heutige, auf »Rom allein« eingeschworene Christenmenschen, ist es fast undenkbar und unvorstellbar geworden, daß die so ganz andere Orthodoxie Athens und Konstantinopels bis dahin eine Einheit mit Rom darstellte – bis zu dem Zeitpunkt, in dem theologische Begriffshantiererei auch politisch und militärisch durchsetzbar wurde.

Bei Dir als *»Übergangspapst«* hat dieser frühere Geist zum erstenmal wieder zu wehen begonnen. Du warst viel zu nüchtern und zu realistisch, um ein Idealist und spekulativer Abheber zu sein. Du wußtest, daß es nie die ideale Christenheit gegeben hatte. Schon im Neuen Testament hatte es allzu Menschliches gegeben, Zweifel und Verfehlungen. Aber die waren handfest angegangen worden. Wo es Krach und Streit gab, hatte in klugen und angemessenen Schritten die brüderliche Zurechtweisung zu geschehen, wie es Matthäus beschreibt (18,15–17). Auch in äußersten Fällen hatte es die Bereitschaft zur Vergebung zu geben, wenn nötig 77mal (Mt 18,22), wie das Gleichnis vom unbarmherzigen Knecht es anschaulich vor Augen führt (Mt 18,23–35; vgl. auch 2 Kor 2,5–11). Wenn es auch in Extremsituationen, wie z. B. bei Unzucht, den Ausschluß aus der Gemeinde gab (1 Kor 5,1–13), so bleibt das Gemeindeleben doch stets gebunden an die Bekehrung der einzelnen zu ihren Gaben, Fähigkeiten, zur Anerkennung der eigenen Grenzen und daher eigenen Ergänzungsbedürftigkeit (1 Kor 12).

Eigentlich wäre es doch seit Deinem Auftreten und

seit Deinem Konzil logisch und konsequent gewesen, das *christliche Urgestein* weiter freizulegen und sichtbar werden zu lassen. Was stand diesem ursprünglichen Geist Jesu eigentlich im Wege? Eben genau das, was ich seit langem vermute. Die kirchengemachten Gottes- und Jesusbilder wurden von einem Großteil des Kirchenvolkes so sehr verinnerlicht, daß auch dann noch Kirche und Kirchenordnung gemeint sind, wenn lautstark in Reden der Geist Jesu beschworen wird.

Das *Prophetische* ist allzu sehr abhanden gekommen und damit die Fähigkeit, Prozesse zu akzeptieren, die den Gott der Geschichte ernst nehmen und die von ihm gesetzten Zeichen der Zeit. Weil an »Absolutheit« gewöhnt, ist die Bekehrung zu der Tatsache schwer nachvollziehbar, daß das Absolute immer nur unter sehr relativen Bedingungen zu haben ist.

Mit dem Verlust des Gottes der Geschichte, der durch den Gott der Theologen und Philosophen verdrängt wurde, ist das Prophetische verloren gegangen. Vielleicht wird es sogar bewußt verdrängt. Denn das Prophetische hat es an sich, daß es weder verordnet noch vorprogrammiert werden kann; daß es alle gewollten theologischen und kirchenpolitischen Rahmen sprengt. Propheten waren wohl immer kritische Mahner und Erinnerer an das Wahre und Ursprüngliche. Sie sind »Rufer wider den Strom«. Denn wenn man zu den Quellen zurückwill, geht es nicht anders, als gegen den Strom zu schwimmen.

Weil man mit ihnen nicht rechnen und kalkulieren kann; weil dazu gewöhnlich die tastenden Schritte gehören, der Mut, Erfahrungen zu sammeln und Wege zu gehen statt sich einzumauern, haben es die Propheten in der Kirche immer schon schwer gehabt. Auf der einen Seite braucht die Christenheit die Propheten, sie schreit danach; auf der anderen Seite werden sie ermordet oder totgeschwiegen, sobald sie da sind. Denn gerade die Frommen und theologisch Etablierten können mit einem unbequemen Gott, der in keine menschengemachten Schablonen paßt, nichts oder kaum etwas anfangen. Allzu oft sind sie unfähig für die Zukunft Gottes, die auf alle zukommt. Sie wenden sich lieber der »sicheren« Gegenwart zu und richten sich in ihr ein – in der falschen Annahme, dadurch den Glauben auf Zukunft hin am besten retten zu können. Die Tragik solcher »Restauratoren« ohne Vision besteht dann darin, daß sie zu Totengräbern Gottes und der Kirche werden.

Insofern haben wir es seit Deinem Tod mit einer *wachsenden Minderheit* von Rechtgläubigen zu tun, die wieder auf den Gott fester Begriffe und Definitionen setzen. Viele Menschen suchen auch nach solcher Gottes- und Heilssicherheit, vor allem in einer Welt der Umbrüche und Veränderungen. Und die gute alte Ordnung einer wenigstens eintausend Jahre dauernden Pyramidenkirche hat diese Sicherheit lange Zeit gewährt. Pyramiden sind nun einmal bewährt, stabil und solide. Sie stehen auf einem breiten Fundament. Was man an den ägyptischen Pyramiden nachweisen kann – ihre breite Basis ermöglicht es, in Jahrhunderten und Jahrtausenden sogar die schwersten Wüstenstürme zu überdauern. Will das die Kirche nicht auch? Hat sie nicht sogar das Versprechen ihres Meisters, daß die Pforten der Hölle sie nicht erschüttern würden?

Nun, mit Dir und dem Konzil ist in mir dauernd die Vermutung gewachsen, daß nicht die Pforten der Hölle diese menschengemachte Kirche immer mehr erschüttern werden, sondern der wiederentdeckte Jesus der Geschichte. Je mehr bei den gläubigen Christen die Erinnerung an ihn und seine Taten erwacht, desto mehr wird er eine *gefährliche Erinnerung* für viele, die seinen Namen vertreten und verwalten. Du hast diese Gefahren gesehen und die einzig richtige Konsequenz gezogen: Es kommt darauf an, sich wieder auf den Weg zu machen, wenn das Ende des Weges auch noch so unsicher ist und noch so sehr im Verborgenen liegt.

NEUNTES KAPITEL

»Zeichen der Zeit« – für Dich wie »Sterne von Bethlehem«

Du hast Dich sehr getäuscht, als Du meintest, Du könntest die Kirche wieder »Volk Gottes« werden lassen. So schnell und so widerstandslos, wie Du offenbar meintest, lassen sich herkömmliche Bastionen nicht erschüttern, obwohl es biblisch sogar verheißen ist (vgl. Lk 1,46–56). Einen Augenblick schien es damals sogar, als würden *biblische Visionen* in Erfüllung gehen. z. B. jene prophetische Sicht des heiligen Petrus, des ersten Deiner Vorgänger, der im Anschluß an den Propheten Joel damals den Leuten sagte: »In den letzten Tagen wird es geschehen, so spricht Gott: Ich werde von meinem Geist ausgießen über alles Fleisch. Eure Söhne und eure Töchter werden Propheten sein, eure jungen Männer werden Visionen haben, und eure Alten werden Träume haben. Auch über meine Knechte und Mägde werde ich von meinem Geist ausgießen in jenen Tagen, und sie werden Propheten sein. Ich werde Wunder erscheinen lassen droben am Himmel, und Zeichen unten auf der Erde; Blut und Feuer und qualmenden Rauch. Die Sonne wird sich in Finsternis verwandeln und der Mond in Blut, ehe der Tag des Herrn kommt, der große herrliche Tag. Und es wird geschehen: Jeder, der den Namen des Herrn anruft, wird gerettet.« (Apg 2,17–21).

Solche Aufbruchstimmung gab es tatsächlich zu Deiner Zeit, wenn ich an das *Konzil* denke, an Puebla,

Medellin, Würzburg und andere Synoden. Aber leider haben die Verwalter der Religion und des »wahren Glaubens« viele Hoffnungen wieder zunichte gemacht. *Such- und Denkprozesse* zu gestatten – das hätten sie sicher bis heute zugelassen. Aber daß Denkprozesse auch ihre Eigendynamik entfalten, nach konkreten Schritten und Maßnahmen verlangen – das war eben doch zu viel des Guten. Es konnte auf Dauer nicht zugelassen werden, daß »Laien«, einfache Männer und Frauen, ihre Stimme erheben. Dazu waren sie eben doch zu »weltlich«, dem profanen und säkularisierten Leben zu sehr ausgesetzt und von ihm bestimmt. Das »Geistliche« wäre dabei auf der Strecke geblieben! Oder man müßte Laien in alle möglichen Gremien wählen, die auf ihre eigene Lebens- und Glaubenserfahrung verzichten; die das Ja-Sagen gelernt haben und alles das nachzuvollziehen vermögen, was »lehramtlich« von ihnen erwartet wird.

Damit in punkto »Laien« keine Mißverständnisse und falschen Hoffnungen genährt würden, hat man seit neuestem übrigens den Namen der *Synoden* in »Foren« umgeändert. Synoden konnten noch immer den Anspruch erheben, mitbestimmende und mitentscheidende Gremien zu sein. *»Foren«* sind unverbindliche Palaver-Clubs. Sie erinnern mich immer wieder an die afrikanischen Dorfpalaver, deren Zeuge zu sein ich allzu oft die Gelegenheit hatte.

Die Tragweite dessen, was Du mit Deinem Volk-Gottes-Gedanken in die Welt gesetzt hast, kann man eigentlich erst richtig ermessen, wenn man eine Tradition in Erinnerung ruft, die das zweite Jahrtausend bestimmt hat und die Anfänge des dritten Jahrtausends mit Sicherheit nicht überleben wird. Da hat sich nämlich eine

Zwei-Stände-Kirche entwickelt, die aus dem führenden Klerus bestand und den geführten Laien. Der Klerus wurde eine Art »Adelsgeschlecht der Kirche«, wie es ja auch gesellschaftlich den Adel von Gottes Gnaden gab. An der Spitze des Klerus stand der Papst. Und die Päpste aus dem 13. Jahrhundert hatten sich immer mehr angewöhnt, sich Stellvertreter Gottes auf Erden zu nennen. Als solche hatten sie natürlich eine Menge göttlicher Macht, Einfluß und Unfehlbarkeit. Und wenn man sie richtig zu nutzen verstand, dann konnte man Weisungen unfehlbar im Namen Gottes »nach unten« weitergeben, vor allem in Zeiten, in denen die Gläubigen uninformierte Analphabeten waren.

Ganz oben konnte man sich, wie das früher die Kaiser und Könige »von Gottes Gnaden« übrigens auch taten, seine unmittelbaren Untergebenen und Befehlsempfänger aussuchen und einsetzen. In Bischöfen, Prälaten und Klerikern konnte man sich einen kirchlichen Adel schaffen, der bereit und fähig war, alle Weisungen von oben nach unten, zu den Laien, weiterzugeben. Und die Laien waren nun einmal die einfachen Leute des christlichen Volkes, die nicht viel Ahnung hatten. Die Frauen noch weniger als die Männer. Deshalb war es auch gut, die Pyramidenordnung möglichst *patriarchalisch* zu gestalten. Wie in Staat und Gesellschaft unter dem Adel, so gab es unterhalb des Klerus ein ziemlich großes Niemandsland. Es kam lange nichts, bis dann in der Rangordnung die männlichen Laien ihren Platz fanden. Darunter dann die Frauen und Kinder ...

Man konnte also durchaus eine gute Ordnung darin erblicken, wenn sie auch klerikalistisch und patriarchalisch war. Sie war zudem mit einer Menge von Werten und Lebenshaltungen gefüllt. Da gab es noch die *unangefochtenen Autoritäten.* Niemand hätte es gewagt, etwas anzuzweifeln oder zu leugnen, was der Klerus sagte. Und wer es wagte, der konnte sich auf eine Fülle von Sanktionen, Strafmaßnahmen oder sozialen Druck gefaßt machen.

Also: es wurde noch gehorcht, sogar ziemlich kindlich. Blinder Gehorsam war jedenfalls besser, als sich selbst Gedanken zu machen, selbst ein Gewissen zu haben. Wo wäre die Kirche denn hingekommen, wenn jede/jeder ein Gewissen gehabt hätte! Wo würde sie in Zukunft hinkommen? Und geglaubt wurde auch. Jedenfalls ließen sich alle, die bestimmte Missionsmethoden unter den Germanen, Afrikanern und Lateinamerikanern überlebten, taufen. Im kirchlichen Abendland hätte man zudem auch nichts werden können ohne Taufschein, weder Lehrer noch Polizist noch Staatsbeamter.

Was den *Glauben* betrifft, wußte jedenfalls jeder, was es da zu glauben gab: alles, was die Kirche zu glauben lehrte. Und diese hatte alles Glaubensgut in schön formulierte Sätze gefaßt, sogar später eine Katechismustradition eingeführt, die jedem schwarz auf weiß ermöglichte, Glauben nach Hause zu tragen: Oft im Kopf, manchmal sogar im Herzen.

Was solche »gute alte Zeiten« betrifft, ist es heute für viele enorm bedauerlich, daß da Stürme anfingen zu toben, die das alles erschütterten. Bei den Staaten und Regierungen fing es an. Kaiser, Könige und Zaren »von Gottes Gnaden« wurden hinweggefegt. Eine Umwertung aller Werte fand statt. Die früher unmündigen

Völker fingen an, sich sogar gefährliche Bildungs- und Informationsquellen zu erschließen. In den Gesellschaften hatte dieser Vorgang zunächst unabsehbare Folgen. Das wacher werdende Volk entwickelte sich zum »natürlichen Feind« der Könige und Kaiser – ein Vorgang, der drohte, wie eine Woge in der Kirche überzuschwappen. Dein Vorgänger, Papst Bonifaz VIII, hatte schon im 13. Jahrhundert davor gewarnt. In seiner Zwei-Schwerter-Theorie hatte er von zwei Ständen, von zwei Arten von Christen gesprochen, dem von Gott besonders berufenen Klerus und den Laien, die »wie in alter Zeit« dem Klerus »bitterfeind« gegenüberstünden ...

Diese Warnung hat einige Jahrhunderte lang das Geschehen bestimmt. Noch bis in unsere Zeit war es gelungen, die Wirren und Verwüstungen der freiheitlichen Bewegungen von der Kirche fernzuhalten. Der kindliche Gehorsam des gläubigen Volkes hat es ermöglicht, in manchen Kreisen der Laien bis heute »Hilfs- und Zubringerdienste für den Klerus« zu finden. Aber diese Front scheint immer mehr zu zerbrechen. Die folgenreichen Entwicklungen in der weltlichen Welt wirken sich immer mehr auch auf das Leben der Kirche aus und drohen, die alte Ordnung zum Kippen zu bringen. Dabei berufen sich viele Christen sogar auf die Bibel. Mit Luther und seiner »sola scriptura« fing es an. Heute erinnert man sich weltweit wieder an die Reich-Gottes-Predigt Jesu. Wo es um das »Schon-Jetzt« einer erlösteren Welt und Menschheit geht, da sind alle verpflichtet, unabhängig von Stand, Religion, Geschlecht und Rasse (Gal. 3.28). Da geht es um etwas anderes als um die herkömmliche Kirchenordnung. Vor allem dann, wenn die »Zeichen der Zeit« so herausfordernd sind, daß man sie nicht übergehen kann, ohne die eigene Glaubwürdigkeit radikal zu riskieren.

Du als Papst hast diesen Bewußtseinsprozeß begriffen und Dich damit konfrontieren lassen. Statt Dich auf Deine unmittelbaren Vorgänger einzulassen und an ihnen anzuknüpfen, hast Du Dich anscheinend mehr auf die Pfingstpredigt des Petrus verlassen und auf das Kirchen- und Gemeindeverständnis des Paulus. Du hast damit einen entscheidenden *Bruch in der Tradition* zugelassen und selbst vollzogen. Wußtest du nicht, daß die Tradition eine ebenso wichtige Glaubensquelle ist wie die Quelle selbst?

Andererseits hast Du die große Chance darin gesehen, die Freiheit und Würde des Menschen wieder zu betonen, wie Petrus und Paulus es getan hatten. Die Vorstellung von der Menschenwürde und Gleichheit aller, von der Freiheit der einzelnen, von der persönlichen Lebenskompetenz sogar der Frauen in ihren Angelegenheiten war dabei, weltweit »in« zu sein. Humanistische und antikirchliche Aufklärer des 17. und 18. Jahrhunderts hatten sie in die Köpfe gehämmert. Weil nicht von der Kirche ausgegangen, schien sie mit dem christlichen Glauben kaum vereinbar. Wenn Deine Vorgänger unter dem Druck der Verhältnisse solche Ideen und Lehren den profanen Gesellschaften allmählich zugestehen mußten – für die Kirche konnten sie keineswegs Gültigkeit in Anspruch nehmen. Die Kirche war ja nicht wie die Gesellschaft!

Durch das Öffnen der Fenster zur Welt hast Du unerwartet einen anderen Eindruck erweckt. Für Dich waren die Menschen der Gesellschaft *dieselben* wie die der Kirche; sie waren immer Ebenbilder Gottes. Deshalb hast Du auch die Türen aufgemacht für andersgläubige Christen, für Vertreter anderer Konfessionen und Religionen, sogar für erklärte Atheisten und Kommunisten. Schließlich konnte es auf Zukunft hin nicht mehr primär um die Erhaltung einer heiligen Ordnung gehen, identisch mit einer Kleriker- und Theologenkultur, in deren Gefolge sich eine Herde von blinden Schafen und stummen Ochsen befand. Es ging um das *Heil der Welt*, um konkrete Schritte in Richtung einer erlösteren Menschheit, um eine Zivilisation der Liebe, wie Jesus sie verkündet hatte. Diesen Anliegen des Reiches Gottes hat sich die Christenheit zu stellen und jeden Tag neu damit zu beginnen, wenn sie auch bis zum Tag der Ernte noch so »menschlich« und »bruchstückhaft« bleiben. –

Deshalb hast Du auch aufgehört, wie es noch Dein Vorgänger Leo XIII († 1903) tat, bei den Gläubigen um das Vertrauen zur Hierarchie zu werben. Du hast ihnen statt dessen *Vertrauen zu sich selbst* zu geben versucht. Anstatt die »Anhänglichkeit an den Heiligen Stuhl«, das Leben und Fühlen der Gläubigen mit der herkömmlichen Kirchenleitung zu pflegen, hast Du ihnen ein *Selbstwertgefühl* eingeflößt, ein *Selbstbewußtsein* und eine eigene Autorität in Freiheit und Unabhängigkeit. Religion sollte in Zukunft nicht mehr »von oben« verordnet werden. Du hast eine Kirche des Dialogs verlangt, eine horizontaler und vertikaler Beziehungen, die vor niemandem und vor nichts zurückschreckt. Ohne irgendwelche wichtige Themen auszuklammern, hast du gemeinsame Denkprozesse und Entscheidungsprozesse angestrebt, in denen wieder alle »Hörer des Wortes« werden, Beobachter und Deuter der »Zeichen der

Zeit«, die Gott seinem Volke gibt, damit es zu gemeinsamen Antworten fähig wird und fähig bleibt.

Natürlich hast Du Deine eigenen Amtsbrüder in ungewohnte Verlegenheit gebracht. Wenn sich auch unter ihnen oft eine große Dialogbereitschaft gefunden hat, bedeutete das noch nicht die Fähigkeit dazu. Bei herkömmlichen kirchlichen Berufen war sie kaum gefragt, auch nicht ausgebildet worden. Man war viel zu sehr mit Dogmen und Moralvorschriften beschäftigt gewesen, viel zu wenig mit den Menschen, ihren Lebens- und Glaubenseinstellungen. Ein in Lateinamerika arbeitender österreichischer Bischof hat dieses Dilemma in die Worte gekleidet: »Manche Hirten kennen weder die Herden noch die Weide, weil sie vollauf damit beschäftigt sind, sich selbst zu weiden«. –

Solche Aussprüche müssen noch nicht einmal böse gemeint sein. Sie kommentieren nur die Erfahrung, die auch hinter Deinem Drängen stand: keine theologische Ideologie und kein obrigkeitliches Getue vermögen die Kirche vor Selbstzerstörung zu bewahren. Für alle entscheidenden Anliegen ist eine möglichst große Mehrheit der Christen zu mobilisieren, also der Schulterschluß aller Kräfte »von oben« wie »von unten«. Kirche muß dabei sogar akzeptieren lernen, daß das Volk Gottes bei seinem Fragen und Suchen nach konkreten Antworten auf Herausforderungen der Zeit zu Schlußfolgerungen kommt, die traditionell nicht vorgesehen sind und landläufig außerhalb der kirchenamtlichen Möglichkeiten liegen. Ob nicht Gott im dritten Jahrtausend andere Wege mit seinem Volke gehen möchte als bisher? Ob für ihn nicht andere Antworten möglich sind als bisher, wo es um die Leitung der Gemeinden geht, um die Eucharistiefähigkeit lebensbewährter Gläubiger, um die Rolle der Frau, um Zölibat und anderes ...?

Wo allerdings *pastorale Plausibilitäten* als *dogmatische Unmöglichkeiten* hochstilisiert werden, kann Kirche keine menschliche Gemeinschaft werden, die im Geist des Evangeliums Antworten findet auf die »Zeichen der Zeit«. *Massenveranstaltungen* können die gewaltigen Defizite nicht wettmachen, die immer dann entstehen, wenn zeitgemäße Antworten vereitelt werden. Sie nützen nichts. Sie können zwar eine Zeitlang berauschen und triumphalistische Gefühle wecken; dennoch hinterlassen sie allzu schnell den faden Beigeschmack, daß hier ein Instrument der Selbsttäuschung und Gängelung gespielt wird. Nur als Gemeinschaft »in seinem Namen« wird die Kirche wieder eine Chance auf Zukunft hin bekommen, wird es sich für die meisten wieder lohnen, sich für sie und mit ihr einzusetzen. Das war Deine Antwort!

Manchmal denke ich, daß Deine Zeitgenossen Dir diese Vision, die über kirchenerhaltende Maßnahmen weit hinausführte, reichlich vergolten haben. Dir ging es wirklich wieder um die »Sache Christi«. Die heilungsbedürftige und zu erlösende Welt, die auch an eigene Kräfte glaubte, fühlte sich von Dir ernstgenommen. Deshalb wurde auch die Kirche durch Dich wieder ein ernstzunehmender Faktor für alle, die begreifen, worauf es ankommt.

ZEHNTES KAPITEL

Reich Gottes in glaubwürdigen kleinen Schritten

Je mehr ich über Dich und Dein Konzil nachdenke, desto unwahrscheinlicher werden mir Dein Optimismus und Deine Ausstrahlungskraft, die weltweit ihre Lichtspuren hinterließen. Gewiß, Du repräsentiertest eine Botschaft, an deren Zukunft Du nicht aufhörtest zu glauben. Auf dem Boden dieser Botschaft wolltest Du »nur der Papst« sein. Um sie zu Wort kommen zu lassen, wolltest Du kein Geschnörkel von Reden und Anreden, keine abstrakten Plattitüden und Worthülsen von Dir geben. Du glaubtest mehr an kleine überzeugende Schritte als an hochtrabende Sonntagsreden.

Du wolltest der »gute Hirt« sein und sahest überall die Samenkörner des Reiches Gottes wachsen – im Gegensatz zu den Pessimisten und Unheilspropheten, deren Schwarzseherei Du nicht ausstehen konntest und die alles andere nach außen zur Darstellung brachten – nur nicht die »frohe Botschaft«, von der sie allerdings dauernd redeten. Du hast nichts Furchterregendes hinterlassen, sondern etwas Faszinierendes geweckt, so als bereite Gott selbst der Menschheit einen neuen Frühling vor.

Um auf diese fast unsichtbaren, aber doch unaufhörlichen *Wachstumsprozesse Gottes* mit der Menschheit aufmerksam zu machen, schienen große verkündete Lehren oder erdrückende und ständig wiederholte Appelle an die Welt völlig ungeeignet. Du hast das geheimnisvolle Wachsen des Reiches Gottes an Deiner eigenen Lebensgeschichte deutlich gemacht.

Du hast den Menschen gesagt, daß Du einer von ihnen bist, mit einer eigenen Lebens- und Glaubensgeschichte, mit einer gewachsenen Einsicht und Erfahrung. Du hast den Leuten erzählt, wie Du unter dem Zeichen des Guten Hirten die vielen Jahre Deine Lebens verbracht hast; welche Sorgen Du hattest; welche Aufgaben Du gelöst oder nicht gelöst hast; welche Wege Du gegangen bist und welche Lasten Du zu schleppen hattest. Du hast keine Gelegenheit versäumt, über Dich selbst zu reden, damit auch die Leute es lernten, sich Rechenschaft zu geben über ihre eigene Lebenserfahrung und Lebensrolle, die immer auch Berufungsgeschichten Gottes mit uns Menschen sind. Du hast auf das Vergangene Deiner eigenen Kindheit und Jugendzeit geschaut, weil Dir darin der Ruf und die Berufung zugewachsen sind bis zu jenem Tag, der Dich ein »Brükkenbauer« für die Menschheit werden ließ.

Die Art und Weise, wie Du damals ein *erdgebundenes* und *geerdetes Christsein* dargestellt hast und die Resonanz, die Du gefunden hast, kann man eigentlich nur richtig verstehen, wenn man sich in Erinnerung ruft, welche wichtigen Faktoren das Leben der einfachen Leute bestimmte. Nach dem Zweiten Weltkrieg waren ja gewaltige Umwälzungen in Kirche und Gesellschaft vor sich gegangen. Vieles hatte sich verändert und war dabei, auch den Mann und die Frau von der Straße täglich in neue Herausforderungen hineinzustellen. Was die Christen, die Kirchen und die Gemeinden betraf, möchte ich *drei* entscheidende Ereignisse nennen, die eine wichtige Veränderung in der Mentalität und Denkweise der Leute hervorgerufen haben.

Das *erste Ereignis* hat ein Schriftsteller, ich glaube noch vor der Zeit Deines Pontifikats, in dem kurzen und knappen Titel eines Buches zum Ausdruck gebracht. Er lautete: »Jedermann nennt mich Hochwürden«. Älteren Priestern und Klerikern mag bis heute bei einem solchen Titel das Herz höher schlagen. Denn damit wurde damals zum Ausdruck gebracht: jedermann achtete den Priester, den Bischof, den »Heiligen Vater« als herausgehobene, von Gott berufene und gesandte Persönlichkeiten. Jedermann schätzte das »Opferleben« solcher geweihter Menschen. Ein Geistlicher in einer Gemeinde war derjenige, der feierliche Gottesdienste hielt; der hervorragend predigte; der fromm und gesellig zugleich war; der sich um die Taufe der Kinder kümmerte, um Beichte und Erstkommunion; der sich mit der Jugend verstand, der junge Paare an den Traualtar führte und sie ein Leben lang begleitete; der die Kranken und Alten besuchte und an den Gräbern der Toten die angemessenen Worte sprach, der sich natürlich auch auf's Bauen, Renovieren, Verwalten und Finanzieren verstand und mit all den tausend Kleinigkeiten zurechtkam, die das tägliche Leben in den Schulen und Kindergärten in Atem halten ...

Erst recht das Leben der Bischöfe und Päpste in der Nähe Gottes! Teilhaber am Lichtstrahl des Allmächtigen! Solche Gottesmänner der vielen Perfektionen – jedermann nannte sie »Hochwürden«, Exzellenz, Eminenz, Heiliger Vater ... Und wenn einmal etwas, was von ihnen kam, nicht so gut war, dann sprach man höchstens still und heimlich darüber. Oder man verschwieg und unterdrückte es. Jedenfalls war der Ruf der Gottesmänner so unangefochten, daß viele sich damals noch entschlossen, den Lebensweg eines Hochwürden zu beschreiten.

Vielleicht besonders stark verursacht durch die beiden Weltkriege, hat in dieser Einstellung ein *Bruch* stattgefunden. Die Leute fingen an, laut zu sagen, was sie dachten. Bis auf den heutigen Tag haben sich Kinder und Jugendliche wie selbstverständlich daran gewöhnt, mit einem Gottesmann eine Sprache zu sprechen, die vorher noch unmöglich gewesen wäre. Heute kann man bisweilen sogar froh sein, wenn überhaupt noch miteinander gesprochen wird. Denn viele kehren der Kirche und den Kirchenleuten den Rücken. Sie gehen einfach fort. Für andere, die noch da sind, ist der Beruf eines Geistlichen mit seinen vielfältigen Anforderungen unattraktiv geworden. Deshalb spricht man in vielen Ländern von »Priestermangel«, »Priesternot«, »Priesternotstand«. Wer damals eine Pfarrei zu betreuen hatte, hat heute zwei oder drei. Denn die Seelsorgseinheiten wurden größer. Je differenzierter die Aufgaben wurden, desto mehr wurden aus den Hirten Gemeindemanager, von denselben Managerkrankheiten bedroht und befallen wie Vertreter von Bügeleisen und Waschmaschinen – nicht gerade geeignet für Berufswerbung und Berufsprofil.

Jemand hat diesen *Umbruch* auf die kurze Formel gebracht: *»Abschied von Hochwürden«*. »Hochwürden« ist nicht mehr gefragt und wenn schon, dann nur als Zeitgenosse, der seine Pflichten tut und perfekt den Anforderungen der Gemeinden zu genügen hat. »Hochwürden« wollen deshalb nur wenige werden und wenn schon, dann werden sie kurz nach ihrer Priesterweihe aus den Höhenflügen theoretischer Gedankenakrobatik auf den harten Boden des grauen Alltags gestellt. Dann kann es selbst bei ihnen bald »aus« sein mit »Hochwürden«, zumal bei dem gewaltigen Strukturwandel das Priesterideal laut Verordnung dasselbe bleibt: männlich, zölibatär, geistlich ...

Am Wandel des Priesterbildes ist es vielleicht jeder Gemeinde und jedem kleinsten Dorf hautnah erfahrbar geworden, daß sich ein kirchlicher Niedergang kundtut, wie er nicht mehr zu vertuschen ist. Wo jeder am eigenen Leib gewaltige Erdbeben, Erosionen und Umbrüche zu spüren bekommt, muß sich eine Untergangsstimmung breitmachen, die eine bevorstehende Katastrophe signalisiert. Wenn man dazu bedenkt, daß alle großen theologischen Entwürfe nicht zu greifen scheinen; daß das meiste der Glaubenstradition und viele Katechismuswahrheiten von vielen Christen nicht mehr für wahr gehalten werden – wer kann da noch Hoffnung und Vertrauen schöpfen? Dann scheint in der Tat die Stunde der Katastrophenmanager gekommen. Die Zeit scheint für Fundamentalisten oder Saubermacher gekommen, die mit starker Hand wieder in den Griff zu bekommen versuchen, was auf herkömmliche Weise nicht mehr in den Griff zu bekommen ist.

Du hast Dich damals als fast hoffnungslos in Deinem Optimismus erwiesen. Du wärest es heute noch. Vielleicht warest Du damals für die Welt ein wirklicher Gläubiger unter den vielen gläubigen Atheisten, weil für Dich der Gang einer noch so unheilvollen Geschichte niemals aufhörte, in Gottes Händen zu sein. Deshalb hast Du auch *das Positive* bemerkt, welches sich damals bereits abzeichnete. Du hast etwas entdeckt und in Erinnerung gerufen, was wir zweitausend Jahre lang fast vergessen hatten, was in früheren Zeiten sehr lebendig war. Der heilige Petrus hat es damals den Leuten in folgenden Worten der Ermutigung und der gemeinsamen Berufung zum Ausdruck gebracht: »Ihr seid ein auserwähltes Geschlecht, ein königliches Priestertum« (vgl. 1 Petr 2,1–10).

Mitten in einer Zeit des Niedergangs hast Du Dich zur Quelle begeben. Im Neuen Testament ist tatsächlich vom »Priester« die Rede, womit keine konkreten Personen gemeint sind, erst recht kein geistlicher Stand. Vom »Priester« wird immer nur geredet, wenn von Christus die Rede ist oder von der ganzen Gemeinde. Das hatten wir in einer Kirche der Hochwürden und Eminenzen lange vergessen. Wir hatten es gelernt und waren es gewohnt, »die Kirche« immer als identisch mit Pfarrern, Bischöfen und Päpsten zu verstehen. Wo der Geistliche ist, da ist Kirche. Wo die Kirche ist, da ist Gott. –

Bei Petrus und Paulus war das offensichtlich noch ganz anders. Wenn sie von »Kirche« sprachen, dann sagten sie zu den Leuten: Schaut Euch selbst an! Die Kirche ist nichts anderes als die Versammlung von Christen, die ihr Leben nach dem Vorbild Jesu zu leben versuchen; die sich ein Beispiel nehmen an dem, was er gesagt und getan hat; die die Denkweise und die Taten Gottes in der Geschichte voranzutreiben versuchen. Das ist ihr Beruf.

Hinter diesem Verständnis von »Priester« und »Kirche« steckte die Vorstellung, daß Gott *jeden Menschen* ohne Ausnahme zum Geistlichen, zum Geistbegabten berufen hat. Sogar die Frauen! Jedem wurden Fähigkeiten und Grenzen gegeben. Deshalb kann man auch nicht allein Christ sein. Denn jede Gabe ist auf Ergänzung durch andere angewiesen. Und eine Gemeinde ist erst dann eine Gemeinde Christi, wenn alle von Gott gegebenen Gaben und Fähigkeiten zur Entfaltung kommen und zu einem gemeinsamen Ganzen werden – so wie ein Orchester erst dann zu einer wirklichen Musik fähig wird, wenn die verschiedensten Töne und Instrumente Harmonie und Zusammenklang zustande bringen.

Wie im Neuen Testament *die Gemeinde* in ihrer Gesamtheit *»Priester«* ist, so vermag letztlich auch nur die gesamte Gemeinde die priesterlichen Aufgaben christlich zu erfüllen. Deshalb hast Du auch damals Dein Augenmerk auf die Menschen gerichtet. Mit Deinen Gedanken sollst Du immer bei ihnen gewesen sein. Du hast den Kontakt und das Gespräch mit allen gesucht. Von den Menschen her und mit ihnen sollte die Zukunft des Glaubens und der Kirche gelingen, weil seit der Menschwerdung Gottes in Christus die Menschen, ihre Fragen, Sehnsüchte und Hoffnungen die eigentlichen »Zeichen der Zeit« geblieben sind, die auf die Zukunft Gottes mit der Menschheit verweisen.

Von daher verstehe ich die vielen Menschen, die damals auch den Kontakt mit Dir suchten. Sogar viele aus Ländern der Dritten Welt, die früher noch nie ernstlich miteinbezogen waren. Manche gaben ungewohnte Ansichten von sich. Zum Beispiel, daß es bei ihnen keinen Priestermangel gäbe – trotz der wenigen Priester. Denn es gäbe genügend bewährte Männer und Frauen, die sich im biblischen Sinne als *»königliches Priestertum«* verstünden und von daher »Kirche« und »Gemeinde«

lebendig zu gestalten vermöchten. Viele Stellen der Heiligen Schrift, die jeden Getauften und jeden Gefirmten als »Geistlichen«, als »Geistbegabten« bezeichnen, wurden wieder plastisch, lebendig und praktikabel für die Lösung vieler Probleme der Kirche auf Zukunft hin. Eine Zukunft eröffnete sich, die jeden Getauften und Gefirmten wieder so verstanden, wie Jesus es wohl gemeint hatte. Jeder sollte seine einmalige Gabe wieder einbringen können zum Aufbau des Ganzen. Nicht nur verbal und in feierlichen Proklamationen, sondern in der Tat und Wahrheit.

Wenn ich an die Zeit Deines Pontifikats zurückdenke, hast Du allen für viele Jahre eine Menge Anstöße gegeben, zum Teil schwer lösbare Aufgaben vor allem jenen, die die Wege Gottes schon zu gut kannten. Deine Gedanken vom *»Volk Gottes«* haben das Bewußtsein bei vielen geweckt, daß Gottes Taten mit allen Menschen weitergehen – nicht unter Abschaffung des Priesteramts, wohl aber unter Abschaffung eines vorfabrizierten Klerus, der trotz aller dogmatischen und kirchenrechtlichen Kenntnisse für das Neue nicht gewappnet ist.

Das Reagieren-Lernen auf die Zeichen der Zeit – das war das Mutmachende und Hoffnungsvolle Deines Pontifikates. Insofern hast Du für die christliche Botschaft ein *neues Zeitalter* eröffnet, Du hast das Jesuanische wiederentdeckt und die Notwendigkeit, daß das Reich Gottes nur in kleinen Schritten zu verwirklichen ist – durch jeden an seinem Platz. Die Abwendung von allen theologischen Theorien, die die Wirklichkeit nicht berühren und nicht zur Sprache bringen, war für Dich die entscheidende Voraussetzung für wirkliche Reformen.

Eigentlich ist es bis heute völlig unverständlich, daß Deine Wiederentdeckung der *Dynamik des Anfangs* nicht weitergegangen ist, daß sie so viele Diskrepanzen hervorgerufen hat. Obwohl alle Kirchenleute von Jesus reden, meinen sie doch etwas völlig Verschiedenes. Wenn die einen von Jesu Botschaft reden, meinen sie, wie schon immer, Kirche, Kirchenordnung, Kirchendisziplin. Wenn andere von Jesus sprechen, meinen sie wie Du die Predigt Jesu vom Reiche Gottes. Sie ist auch Deine Predigt geworden. So ähnlich alles klingt, hat es sich doch als ungeheuer unterschiedlich und konfliktreich herausgestellt.

Du hast die Predigt Jesu vom Reiche Gottes in den Mittelpunkt gerückt. Oft konnte man Deine Verhaltensweisen und Worte nur verstehen in der Perspektive: »Suchet zuerst das Reich Gottes und alles andere wird euch hinzugegeben werden« (Mt 6,33) – auch jene Formen von kirchlichen Gemeinschaften, die den Aufgaben der Zeit gewachsen sein würden, wie es zu früheren Zeiten schon einmal gewesen war. Denn Reich Gottes bedeutete für Jesus und die ersten christlichen Jahrhunderte die *Konzentration auf die Welt* – auf die hundert- und millionenfachen Lebenssituationen, in denen Menschen konkret Unheil und Unerlöstheit erfahren, oft bis zur Verzweiflung und zur Sinnlosigkeit des Lebens, in denen es keine Hoffnung und keine Zukunft mehr gibt. Den Armen, Kranken, Hilfsbedürftigen zu begegnen; in Zeiten der Ungerechtigkeit zu etwas mehr Gerechtigkeit, in Zeiten von Kriegen und Auseinandersetzungen zu etwas mehr Frieden, in Zeiten der Herrschaft und Überlegenheit der einen über die anderen zu mehr Dienstbereitschaft und Förderung der anderen fähig zu sein – darin sollte sich der *Anfang des Reiches Gottes* zeigen. In allen Lebenslagen der Unerlöstheit sollte den Menschen schon jetzt, durch angemessene Taten der Liebe deutlich erfahrbar werden, was Gott aufs Ganze gesehen mit der Menschheit tut und zu tun gedenkt. »Schon jetzt« sollte den Menschen Heil und erlösteres Dasein erfahrbar werden; nicht mit trostreichen Worten und mit kirchlich vorprogrammiertem Auswahlpersonal, sondern mit allen Menschen, die die ihnen von Gott gegebenen Gaben zu entdecken und einzusetzen lernen.

Weil die Predigt Jesu darauf hinauslief, dem Reich Gottes schon jetzt in kleinen Schritten und nach dem Beispiel wachsender Samenkörner eine Chance zu geben (Mk 1,15; 4,1–20), bestand dessen Leben eigentlich in nichts anderem als darin, *exemplarisch* und *modellhaft* deutlich zu machen, wie dies durch alle Menschen ohne Ausnahme geschehen kann. Deshalb spricht das Neue Testament stets von der Gleichheit aller Gläubigen, von der gemeinsamen Würde und Beauftragung zur Fortsetzung der Taten Jesu in der Geschichte. Das Volk von Priestern in seinem Namen (1 Petr 2,9; Gal 3,28) war aufgerufen, vor allem auch die von ihm gelebten und geschätzten »humanen Werte« in den großen Zusammenhang Gottes mit der Welt zu stellen. Deshalb auch Deine furchtlose Bejahung der Welt als Gottes Eigentum, die es überall dort zu vollenden gilt, wo sie unvollendet ist. Bei allem sollte das Entscheidende und Bleibende wieder die Liebe werden, die alles vollendet (1 Kor 13).

Wenn Du von den bewährten Männern sprachest, von der neuen Rolle der Frau, von der Wichtigkeit oder auch Unwichtigkeit bestimmter Ämter und deren Inhaber – dann konnte das alles nur verständlich sein in der Ausrichtung auf Deine Reich-Gottes-Predigt. Denn wo es um das Reich Gottes geht und ging, bedarf es immer auch der geeigneten Maßnahmen, die es zum Zuge kommen lassen. Es bedarf der *bewährten Personen*, die für bestimmte Aufgaben geeignet sind – unabhängig von Geschlecht, Rasse, Beruf und Stand. Es bedarf der *Einrichtung* von Ämtern und Aufgaben, die dem Wachsen des Reiches Gottes förderlich sind; es bedarf aber auch der *Abschaffung* von Titeln, Dekorationen, Posten und Strukturen, die zwar der herkömmlichen Kirche und deren Vertretern außerordentlich liebgeworden sind, aber ihre Notwendigkeit eingebüßt haben und dem Anliegen Jesu eher im Wege stehen, als ihnen förderlich zu sein.

Genau das ist der *Konflikt*, den Du uns bis heute eingebrockt hast. Die einen haben durch Dich wieder das Urgestein des Biblischen entdeckt, für andere bist Du zu einem Skandal geworden, weil für Dich so manches unwichtig war, worauf andere mit ihrem Blut und Leben schwören. Wie schwer ist es aber auch für Eingesessene, ihre kirchlichen Behausungen und Gedankengebäude im Stich zu lassen! Wie schwer und wie unmöglich ist es heute für andere, sich in den herkömmlichen Behausungen wohlzufühlen und seßhaft darin zu werden.

Dennoch war es bei Jesus schon so gewesen. Es war ihm nicht primär um die Kirche und ihre Ämter gegangen, auch nicht um eine hohe akademische Theologie oder um die Siebenzahl der Sakramente, wenn dies alles auch in der Dynamik des Anfangs und im Laufe der Zeit entstanden war. Ihm war es um das *Heil der Welt* gegangen.

Deine Konzentration auf die Welt war dennoch ein schwer zu verkraftender Perspektivenwechsel für die herkömmliche Kirche, die seit Jahrhunderten auf sich selbst konzentriert war; auf ihre Ämter und deren Platzhalter, auf ihre Riten und Liturgien, auf ihre Sakramente und Traditionen, auf ihre »systematische Theologie«, die allzu leichtfertig und allzu oft den »geistlichen Bereich« vom »weltlichen« getrennt hatte. Dabei waren schweigend Bedingungen geschaffen worden, die das Christentum zu einer aggressiven und totalitären Religion machte. Wenn auch viele Greueltaten nicht gewollt gewesen waren, so hatte die christliche Verkündigung dennoch alles Außerchristliche und jede nichtchristliche Existenz als mögliche Gefährdung des wahren Glaubens dargestellt: also eher als etwas zu Meidendes und zu Vernichtendes, weniger als etwas zu Bewältigendes und zu Heilendes.

Vor allem die Nachkriegszeit und die Epoche der Entkolonisierung der Völker hatte weltweit die tragische Verquickung des Christentums in die Vernichtungsmaschinerie menschenverachtender Diktaturen und Ausbeuter deutlich gemacht. Seit der Erinnerung an 500 Jahre Lateinamerika und an die gewaltsamen Missionsmethoden seit Jahrhunderten, seit der Reformation und seit Auschwitz war für viele das Christentum gestorben.

Du hast den Mut aufgebracht, Dich von dieser Art der Christentumsgeschichte unmißverständlich zu distanzieren. Du hast Dich nicht beschönigend und vertuschend herausgeredet mit dem Argument, daß auch die

Christen immer nur »Menschen« sind und die Kirche eine Gemeinschaft von Sündern. Du hast ausgesprochen, was viele empfanden. Denn es hatte sich um ein *fundamentales Mißverständnis der Ethik Jesu* gehandelt, die durch evangeliumsferne Einflüsse seit Jahrhunderten zu einer Kirchenethik der Macht und theologischen Arroganz umfunktioniert worden war. Um die Zukunft bewältigen zu können, sollte die Predigt Jesu vom Reich Gottes wieder absolute Priorität erhalten. Was Gott in seiner Schöpfung an Kräften und Werten grundgelegt hatte, sollte wieder grundlegend werden für alles kirchliche Geschehen. Im Tun des von Jesus verkündeten Willens Gottes sollte sich dynamisch der Anbruch der Gottesherrschaft wieder mitten in der Zeit ereignen. Biblisch gesehen verbürgt nur der *gegenwärtige Beginn* das große Ende, die endgültige Machtergreifung Gottes.

Wenn ein solcher Neubeginn nicht gelänge – wie sonst wollte die Kirche auf Zukunft hin sinnvoll und akzeptabel werden für eine Menschheit, die ihre eigenen Möglichkeiten entdeckt hatte, die aber auch den größten Gefahren ausgeliefert war?

ELFTES KAPITEL

Auch das Unkraut ist schön

Was Du hast wachsen lassen, war nicht nur Weizen. Wahrscheinlich war es auch nicht Deine Absicht, den Weizen vom Unkraut zu trennen. Stand doch schon im Gleichnis Jesu vom Unkraut und vom Weizen die Aufforderung, beides wachsen zu lassen bis zur Ernte. Am Tag der Ernte sollte beides voneinander geschieden werden, aber bis zuletzt dem überlassen bleiben, der dafür zuständig sein würde. Wir Menschen sollten uns praktisch nicht in den Zuständigkeitsbereich Gottes einmischen (vgl. Mt 13,18–23).

Ohne Zweifel war dieses Gebot der Weisheit Gottes weithin außer Kraft gesetzt worden. Als es nämlich immer mehr dazu gekommen war, daß sich Menschen an die Stelle Gottes setzten, sozusagen als *kleine oder große Stellvertreter Gottes* auf Erden, haben sich schnell und unversehens auch die Saubermänner gefunden, die mit allem aufräumten, was nicht im Sinne Gottes war. Angeblich war es nicht im Sinne Gottes. In Wirklichkeit war es nicht im Sinne ihrer eigenen Vorstellungen von Gott. Es paßte ihnen nicht ins Konzept ihrer theologischen Lehrmeinung oder politischen Ambitionen. Aber wenn man schon einmal, selbsternannt und über das Maß des Möglichen hinaus, die Stellvertretung Gottes übernommen hatte, mußten sich nicht nur die religiösen Untertanen danach richten, sondern auch Gott. Schließlich hatte Gott ja alle seine Kompetenz und Verantwortung an seine Stellvertreter delegiert. Nun konnte er in das Geschehen wohl nicht mehr entscheidend eingreifen ...

Du hast das ganz anders gesehen und vor allem gehandhabt. Du hast es fertig gebracht, daß viele Menschen wieder anfingen, an Dir vorbeizuschauen auf jenen, der eigentlich die Mitte alles Geschehens ist. Das war auch gut so. Daß dabei aber auch die Menschen, so wie sie sind, ins Spiel gebracht wurden, ist eine andere Sache. Denn da zeigte sich bald, daß nicht nur der Weizen wächst, sondern auch das Unkraut. Und mit Unkraut zu leben ist nicht leicht, macht alle Prozesse, auch in der Kirche, recht schwierig, vor allem die Praxis der Liebe. So hast Du das Leben der Kirchenvertreter recht ungemütlich gemacht. Aber nicht nur das: Du hast der Kirche und vor allem der Hierarchie den Ruf der Untadeligkeit und Heiligkeit genommen. Du hast daran erinnert, daß alle nur Menschen sind. Du hast es gestattet, laut über das Unkraut zu reden. Und zurückblickend in die Geschichte, gab es wahrhaftig genug davon. Dein Pontifikat war voll von Wahrhaftigkeit über die Menschlichkeiten und Fehler der Kirche. Dir schien eines klar: mit dem Schiff der Unwahrhaftigkeit würden sich keine Zeitstürme überdauern lassen.

Deshalb warst Du als Papst recht kritisch und distanziert zu Dir selbst und gegenüber vielen bisher vertrauten Ideen und Kirchenkonzepten. Du hast in Deine Nähe Theologen und Wissenschaftler berufen, die vorher als sehr suspekt galten und fast schon am Rand des »wahren Glaubens« eingestuft waren. Durch Dein eigenes oft distanziertes und alternatives Verhalten hast Du auch sehr schnell zu verstehen gegeben, daß es sich dabei zum guten Teil um eine andere Sicht der Dinge handelte, um eine anders geartete und ungewohnte Beurteilung der »Lage«, die die Etablierten von den Stühlen riß und in Unruhe versetzte; die die Kirche aber auf eine neue Weise »attraktiv« und interessant werden ließ für viele moderne, angeblich so religionsfeindliche Menschen.

Wenn ich darüber nachdenke, wie es eigentlich kam, daß so viel durch Dich in Bewegung geriet, dann war es Dein *Blick zur Mitte*, der auch die Welt und die Menschen ermutigte, nach dem Wesen des Christentums überhaupt Ausschau zu halten. In der Tat war das »Zurück zum Wesentlichen« und zu den Quellen allzu lange für die allermeisten verstellt gewesen. Da gab es die dicken Mauern theologisch-philosophischer Systeme aus der frühen Christenheit und aus dem Mittelalter, deren Erkenntnisse den Gläubigen bruchstückhaft zwar immer eingehämmert worden waren, die aber doch Einsichten aus einer fremden Welt für sie blieben – »Teilhabe« an einer Kleriker- und Theologenkultur, die in ihrer Sprache und Mächtigkeit noch weiter von den normalen Menschen entfernt war als Europa von China.

Dazu kam die ewige Konzentration und das dauernde Reden über die »einzig wahre Kirche Christi«, ihre Ämter, gültigen Sakramente, Vollmachten, Lasten und Würden – natürlich in Abgrenzung zu den Denkvorstellungen anderer christlicher Kirchen und Konfessionen, auch zu denen, die früher einmal, trotz ihrer verschiedenen Traditionen, Teil der Einheit gewesen waren. Um die Menschen bei der Stange zu halten, war ihnen zugemutet worden, alles ihnen Vorgetragene zu schlucken und irgendwie mitzuvollziehen, obwohl es ihnen fremd und unverständlich blieb. So war ihnen »Kirche« eher zu einer Last und strengen Verpflichtung geworden, wenn auch das Versprechen auf Seelenheil und ewige Seligkeit damit verbunden war, allerdings immer bedroht durch Höllenqual und ewige Verdammnis. Dabei brauchte man nur auf das schreckliche Beispiel der Heiden, Ungläubigen und Abtrünnigen zu schauen, um schon allein aus Angst vor solchen Abirrungen die Solidarität mit der Kirche und ihrer Hierarchie immer wieder neu zu leben.

Aus der Kirche war offensichtlich in hohem Maße wieder das geworden, was Jesus nicht gemeint hatte. In der Auseinandersetzung mit den Pharisäern und Schriftgelehrten warf er diesen vor: »Sie haben sich auf den Stuhl des Mose gesetzt ... Sie schnüren schwere Lasten zusammen und legen sie den Menschen auf die Schultern, wollen selber aber keinen Finger rühren, um die Lasten zu tragen. Alles, was sie tun, tun sie nur, damit die Menschen sie sehen: sie machen ihre Gebetsriemen breit und die Quasten an ihren Gewändern lang, bei jedem Festmahl möchten sie den Ehrenplatz und in der Synagoge die vordersten Sitze haben, und auf den Straßen und Plätzen lassen sie sich gerne grüßen und von den Leuten Rabbi (Meister) nennen ...« (vgl. Mt 23,2 ff).

Böse Vorwürfe gegen damals ehrenwerte Bürger und religiöse Autoritäten! Sie mußten dem, der sie aussprach, das Leben kosten. Und Jesus hat schließlich sein Leben damit bezahlt. Dabei hatte er sicher nicht alle persönlich gemeint. Vielleicht war es nur das damalige *religiöse System*, das viele gefangen hielt und daran hinderte, vor Gott frei zu sein. Aber immerhin hatte er die Gefahren religiöser Systeme und die menschlichen Versuchungen von Schriftgelehrten und Würdenträgern deutlich beim Namen genannt. Diese aufzudecken war, um es gelinde auszudrücken, höchst ungewöhnlich.

Daß es solche Versuchungen und Eitelkeiten in der Kirche auch geben könnte – dieser Verdacht hatte sich in der Zeit vor dem Konzil schon lange verbreitet. Zunächst außerhalb der Kirche. Aber dann auch in ihrem Innersten. Auf eine gefährliche und bedrohliche Weise fingen viele Gläubige an, ihre kritische Stimme zu erheben und auf Distanz zu gehen. Oder besser gesagt: vielleicht waren viele von ihnen immer schon auf Distanz zu einem für sie unverständlichen System gewesen; nur durften sie es äußerlich nicht bekunden. Dafür waren die äußeren Umstände ungelegen und der soziale Druck von kirchlichen Milieus zu gewichtig, als daß vorher schon die Stimmen hätten laut werden können.

Du hast diese Stimmen nicht unterdrückt, Du hast sie gehört. Du bist im Chor der anderen eine ähnliche Stimme gewesen. Als Papst war das verdächtig. Anstatt abzuschotten, hast Du Dich, wie Jesus damals, sehr verdächtig gemacht. Dabei habe ich immer mehr den Eindruck gewonnen, daß hinter der großen Einfachheit Deiner Worte, Verhaltensweisen und Maßnahmen, hinter Deiner sprichwörtlich gewordenen »Bauernschläue«, mit der Du gescheite Theologen und Würdenträger im Vatikan zu umgehen und zu überlisten verstandest, eine große Portion »System« stand. Auch bei Jesus hatte ja »System« hinter allem gesteckt. Zumindestens haben ihn die Jünger und nachösterlichen Gemeinden allmählich so verstanden. Vielleicht war

Dein System nichts anderes als die Wiederentdeckung jenes Mannes aus Nazareth, der es wohl auch in der heutigen Kirche sehr schwer haben würde, zurecht zu kommen.

Ein zentrales Element Deines »Konzeptes« ist die Quelle wieder geworden, mit der alles anfing. Der christliche Anfang einer neuen Zeit ist in der Theologie schon immer mit dem Wort der »Menschwerdung Gottes in Jesus von Nazareth« umschrieben worden. Aber für Dich bekam dieses Ereignis einen ganz anderen Stellenwert. Da ging es weniger um theologische Definitionen und Lehrmeinungen, die dieses »Geheimnis« auf schlaue Weise erhellten – aber so, daß es eben doch Geheimnis blieb. Es ging vielmehr um eine *konkrete geschichtliche Gestalt*, die eine bestimmte Zeit gelebt hatte, die in einem ganz bestimmten Milieu und familiären Umfeld eine Kindheit und Jugend verbracht hatte, die immer mehr in seinen Auftrag und seine Sendung hineingewachsen war. Seine Predigt war kaum oder gar nicht bestimmt von allgemeinen Wahrheiten über Gott und die Welt; sie war eher identisch mit Gesten und Verhaltensweisen, die er in ganz konkreten Situationen, gegenüber ganz konkreten Menschen praktizierte und tat. Es ging immer um die Konkretheit der Liebe. Man hätte aus seinen Denk- und Verhaltensweisen nie allgemeine Dogmen oder Vorschriften machen können. Dafür waren die Menschen, denen er begegnete und die Situationen, denen er gegenüberstand, zu verschieden und zu vielfältig. Was spätere Generationen so gern in große Theorien kleideten, war am Anfang äußerst einfach und für jeden Angesprochenen verständlich, gerade und erst recht für die Menschen mit unvoreingenommenem Blick, der durch Ideologien und Einbildungen noch nicht verstellt war.

Die ersten Christen entdeckten, im Blick auf Jesus, ihre je eigene Würde und Begabtheit. Wo immer sie beteten und Leben zu gestalten versuchten, ließen sie sich leiten vom *Lebensbeispiel Jesu*, der jeden Menschen in seiner »Lage« zu erleuchten und zu inspirieren vermag. Ihre Bekehrung und ihr »Glaube« bestanden nicht so sehr im Festhalten an Sätzen, sondern verstanden sich als eine *verbindliche Übernahme der Praxis Jesu* für die eigene Lebensgestaltung. Ihre »Nachfolge« war eine jesuanische Art des Denkens und Tuns, die sich immer auf konkrete Menschen und Lebenssituationen bezog. »Christsein« glich einem gemeinsamen Hineinwachsen in Verhaltensweisen, die bei allen Begrenztheiten und »Sünden« doch von denen Jesu bestimmt waren. Denn Er – angefangen bei seiner Geburt bis zu seiner Auferstehung – war für sie der Modellfall eines gottgewollten und gottgefälligen Lebens geworden. Deshalb kam es in allem darauf an, »Maß« an ihm zu nehmen, weil er der Maßstab für alle geworden war.

Wer sich also von bösen Gedanken und Taten abwendet und sich den Gedanken und Taten Jesu zuwendet, für den hat eine »neue Schöpfung« begonnen (Kol 1.12–23). Insofern stellte Jesus alles, was er sagte und tat, in den größeren Zusammenhang der neuen Schöpfung bzw. der nun anbrechenden Gottesherrschaft. *»Reich Gottes«* war das, was Gott auf Zukunft hin mit der gesamten Welt und Menschheit vorhatte: ein erlöstes Dasein. Es sollte schon jetzt beim Einzelnen wie in der Gemeinschaft der sich in seinem Namen Versammelnden seinen Anfang nehmen. Dieser Anfang des »Schon-jetzt« konnte von Christen nicht primär gesetzt und geleistet werden durch das Wiederholen theologischer Formeln und Glaubensbekenntnisse, sondern durch das Tun dessen, was sich im Hier und Heute im Namen Gottes und nach dem Beispiel Jesu als notwendig erweist.

Im Blickfeld Jesu standen also das *»Schon-jetzt«* und *»Noch-nicht«* der neuen Schöpfung, das Werden und Wachsen einer neuen Gotteswirklichkeit unter den Menschen und mit der Welt, für die Vollendung und Reifung angesagt waren. Mir scheint, daß Du als Papst diese Eckwerte auch für die Kirche wieder setzen wolltest. Darin sahest Du wohl auch die Chance für ihre Erneuerung. Die Kirche sollte in Deiner Sicht aufhören, Selbstzweck zu sein, indem sie die Menschen an sich fesselt und die Welt zu ihr zu bekehren versucht. Nicht die Kirche war die Mitte Deines Interesses, sondern die Zukunft Gottes mit der Welt. Diese Zukunft sollte schon jetzt in der Kirche und durch sie ihren Anfang nehmen: durch die gemeinsam erbetete und getane Wahrheit. Denn nur eine solche konnte, wie zur Zeit Jesu, auch auf Zukunft hin wieder dynamische Kräfte entfalten.

Weil Du letztlich die Kirche wieder fähig machen wolltest, im Dienste der Dynamik Gottes mit der Welt zu stehen, mußtest Du notgedrungen Deinen Blick konzentrieren auf die *»Zeichen der Zeit«*. Eines dieser »Zeichen der Zeit« war für Dich die biblische Botschaft, daß Gott das Heil aller Menschen will, dies nicht nur auf Zukunft hin beabsichtigt, sondern auch jetzt schon tut. Denn Gott »will« ja nicht nur verbal und redet nicht nur. Sein Reden ist immer auch begleitet vom Tun. Das Wirken Gottes in der Welt, in den Menschen verschiedenster Rassen, Kulturen und Religionen, ist für Dich ein Schwerpunkt Deines Denkens geworden. Du wolltest den *Dialog*, die *Zusammenarbeit* aller Menschen guten Willens, unabhängig von Alter, Lebensweise und Geschlecht. Für Dich standen sie nicht außerhalb der Heilswege Gottes, sondern waren in sie einbezogen. Deshalb konnten sie auch für die Kirche nicht gleichgültig sein oder »Außenstehende« bleiben. Es legte sich eher die Vermutung nahe, daß im Sinne des Augustinus und anderer Kirchenväter der ersten Jahrhunderte viele Außenstehende bereits »in der Kirche« sind, während viele Insider in Wirklichkeit draußen sind, weil blind für die Wege Gottes mit seiner Schöpfung.

Vielleicht war gerade dieses die Wichtigste Deiner Intentionen. Du wolltest die Kirche der festgefahrenen theologischen und juridischen Systeme wieder fähig machen, das Heilswirken Gottes in der Welt und mit der Welt mitvollziehen zu können. Du wolltest sie in den größeren Zusammenhang einer Gegenwart und Zukunft stellen, die von Gott her auf die Menschheit zukommt. Du wolltest sie wieder »Dienerin« werden lassen und Instrument Gottes und seines Wirkens. Mit einer großen Sensibilität hast Du damals Schritte unternommen, die verhärtete Krusten und eingefrorene Geleise durchbrachen. Denn eine Kirche, die den Menschen nicht dient und nicht in der Lage ist, sich auf das heilsgeschichtliche Handeln Gottes mit der Schöpfung einzulassen und sich aktiv darin einzuschalten, dient zu nichts. Man kann sie einfach vergessen. Und Millionen hatten ja angefangen, sie zu vergessen.

Du hast sie aus dem Schlaf der Vergessenheit herausgerissen. Du hast viele Gutwillige geweckt. Du hast sie eingeschaltet in einen weltweiten Prozeß auf Zukunft hin. Heute bist Du allerdings dabei, selbst in Vergessenheit zu geraten. Die lebendige Erinnerung an Dich ist für viele gefährlich geworden. Im Augenblick erleidest Du das Schicksal aller Propheten, die an den Fundamenten ihrer Zeitgenossen rüttelten und deshalb als »unwürdig« degradiert wurden. Du hast alte Sicherheiten zerschlagen. Du hast, indem Du mit allen Menschen etwas zu tun haben wolltest, weil auch Gott etwas mit ihnen zu tun haben will, herkömmliche Autoritäten und Platzhalter der Wahrheit in ihrer Wichtigkeit enorm relativiert. Du hast *neue Autoritäten* an ihre Stelle gesetzt: die des Mannes aus Nazareth und die der Menschen, die sich in seinem Geist und Namen versammeln, um Wege in die Zukunft gehen zu lernen.

Du hast den schwierigen *Prozeß* des Miteinander-Suchens und Miteinander-Gehens eingeleitet. Wie konnte da eine herkömmliche Kirche noch Bestand haben? Eine Kirche von selbsternannten Obrigkeiten, bei denen der »Sensus fidelium« und die »vox populi« keine Chance hatten? Und das »einfache Gottesvolk« – wieviel Unkraut mußte da zum Sprießen kommen, sobald jedem eine Stimme und ein Gewissen zugestanden wurde? Wieviel Streit und Uneinigkeit? Es hätte, wäre man Dir gefolgt, eine Kirche kommen müssen, die nicht mehr unter der straffen Federführung zu leiten war. Eine andere Form und Gestalt von Kirche, deren Fehler und Schattenseiten nicht mehr leicht zu vertuschen waren. Eine Gesellschaft wie andere Gesellschaften, in denen Spannungen und Auseinandersetzungen das Geschehen bestimmen könnten. Auf jeden Fall keine Kirche von Heiligen und Sündern, die auf festem Boden stand und auch da noch hohe moralische Ansprüche anmelden konnte, wo ihre eigene Wirklichkeit mit ihrer Verkündigung nicht mehr in Einklang zu bringen war. –

So wurde es für viele immer klarer: die alte Kirche mußte erhalten bleiben! Und doch hatte Dein Meister aus Nazareth, auf eine unverständliche Weise, das Unkraut mit dem Weizen wachsen lassen wollen. Hatte er diese Probleme nicht vorausgesehen? War er ein Utopist und Schwärmer, wie auch Du leicht in den Verdacht kommen konntest, ein solcher zu sein? Oder kannte er eine Sicht der Dinge, die nicht mehr eigentlich »menschlich« ist, die sich Gott aber allen Problemen zum Trotz zuzutrauen scheint: nur im Umfeld des Unkrauts kann der Weizen seine wahre Fruchtbarkeit erweisen?!

ZWÖLFTES KAPITEL

Wo die Liebe wohnt, da ist auch Gott

Ich erinnere mich an ein Gespräch, welches Du einmal mit Theologen und Vertretern verschiedener Konfessionen gehabt hast. Ob es einmal zu einer geeinten Christenheit kommen werde? – wurdest Du gefragt. Die Wiedervereinigung aller Christen müsse das oberste Ziel aller christlichen Gemeinschaften bleiben, war Deine Antwort. Es werde ein langer Prozeß sein, bis das große Fest der Wiedervereinigung gefeiert werden könne. Dabei könne die Rückkehr zur katholischen Kirche wohl nicht die Ausgangsbasis für den Dialog sein – übrigens auch nicht von christlichen Gemeinschaften, die früher viele Jahrhunderte lang völlig eigenständige, fest geformte und anerkannte Kirchen waren. Aber schon jetzt müsse das glorreiche Werk der Wiedervereinigung begonnen werden. Bis der »Durchbruch« gelinge, müßten viele Hindernisse überwunden werden, gäbe es »Ecken und Kanten abzuhobeln«.

Eigentlich war es keine gute theologische Sprache, die Du da im Mund geführt hast. Eine ökumenische Theologie, die eine gute Meinung über sich selbst hat, würde das, was Du vielleicht meintest, auf keinen Fall mit »Ecken und Kanten« umschreiben. Sie würde von der Verschiedenheit theologischer Traditionen, Begriffe und Symbole reden, von der Unvereinbarkeit bestimmter Positionen, wo Ämter, Kirchenverständnis, die Gültigkeit der Sakramente und kirchenrechtliche Handhabungen zur Diskussion stehen. Sie würden lange Dialoge darüber miteinander führen, vielleicht eines Tages aus herkömmlichen *konfessionell* geprägten theologischen Vorstellungen *neue ökumenische* Ideen entwickeln, bis es dann dazu käme, daß ein gemeinsames Verständnis von Kirche und Sakrament zur Eintrittskarte für gemeinsame Gottesdienste würde, für die eucharistische Gastfreundschaft und die gegenseitige Anerkennung kultischer und sakramentaler Vollzüge.

Manchmal, wenn Du früher, fast wie aus den Hemdsärmeln heraus, Deine Meinung über Kirche, Konfessionen und Ökumene zum Besten gabest und höchst simpel über komplexe Theologenfragen öffentlich philosophiertest, hatte ich den Eindruck, daß da Gestalten hinter Dir standen, denen Deine Art, wie Du gegen das Protokoll und an vorgegebenen Manuskripten vorbei Deine Meinung sagtest, höchst peinlich sein mußte. Du hast Dich wirklich bisweilen wie ein »Übergangspapst« aufgeführt, der bei seiner undiplomatischen und direkten Art Amtsvertreter und Spezialisten buchstäblich in den Schatten stellte. Natürlich konnte das alles nicht ohne Folgen bleiben – in einem Kirchensystem, welches durch theologische Formeln jahrhundertelang nicht nur die Gläubigen an die Kette gelegt hatte, sondern auch das Wirken Gottes. Es konnte ja wohl kaum sein, daß Gott auch in anderen Religionen und Konfessionen heilswirksam gegenwärtig war! Und wenn man öffentlich über die *Möglichkeiten Gottes* in der gesamten Heilsgeschichte, die auch immer eine Unheilsgeschichte ist, nachzudenken versuchte, dann mußte dieses Nachdenken die wahrhaft Gläubigen in der Heilsanstalt Kirche in große Unsicherheit versetzen. War ihnen doch lange und eindringlich genug eingeredet worden, daß es außerhalb der katholischen Kirche kein Heil gäbe. Und diese »Wahrheit« saß bei ihnen tief, wenn auch »moderne« Theologen angefangen hatten, den wachsenden Zweifeln an solcher Lehre mit anderslautenden und neuartigen Erklärungen und Interpretationen nachzulaufen.

Aber was das Schlimmste bei allen theologischen Zänkereien und konfessionellen Haarspaltereien gewesen war – letztlich hatten sie sich auf der Spielwiese kirchenamtlicher und akademischer Eitelkeiten abgespielt, verbunden mit dem politischen Auftrag, fürstliche und königliche Ambitionen ideologisch, rechtgläubig und »christlich« abzusichern. Dabei war allerdings die entscheidende Frage nach der *Mitte* allen konfessionellen Redens und Streitens auf weiten Strecken in Vergessenheit geraten, nämlich die Frage nach den eigentlichen Absichten des Mannes aus Nazareth. Dieser hatte Gedanken gedacht und Taten gesetzt, die es als »Taten Gottes« in der Geschichte der Menschheit exemplarisch immer wieder »auf den Punkt« zu bringen galt. Es war der Auftrag an die Jüngergemeinde gewesen, die Taten Gottes fortzuschreiben. Entscheidend war letztlich im allumfassenden Kontext der anbrechenden Gottesherrschaft, die konkrete Liebe in der jeweiligen Lebenslage modellhaft praktizieren zu lernen. Und diese so simplen und doch so entscheidenden Dinge konnten mit Gottes Hilfe von Menschen aller Konfessionen und Religionen »geleistet« werden, sofern nur der Blick auf die Mitte frei gehalten wurde. Leider war gerade dieser Blick durch die »Hauptamtlichen« massiv verstellt. Nicht zufällig waren ihre Lehren im Bewußtsein vieler zu Leerformeln und Worthülsen geworden ...

Wie hast Du als Papst versucht, Maßnahmen zu ergreifen, damit der »Durchbruch« gelingt? Natürlich gab es da zunächst nur den »offiziellen Weg«. Es war wichtig und notwendig, Theologen und Experten der verschiedenen Konfessionen an einen Tisch zu setzen, Papiere gemeinsam zu erarbeiten, ein Ökumene-Dekret zu erlassen, welches wieder Anlässe zu neuen Papieren gab. Wenn auch Papiere auf die Dauer ermüdend wirken, bis sie schließlich kaum noch jemand liest, so mußten sie doch geschrieben werden. Schon um den Eitelkeiten von Beamteten und Professoren gerecht zu werden. Schließlich war es auch ein Gebot der Gerechtigkeit, daß diejenigen zuerst über jene Hecken und Zäune hinwegzusehen lernten, die sie selbst aufgerichtet hatten. Aber offensichtlich hast Du Dir selbst dabei keine allzu großen, vor allem keine allzu schnellen Hoffnungen gemacht. Es würde lange dauern, bis die Hecken und Zäune abgerissen sein würden, hast Du prophezeit. Gegenüber einem anglikanischen Besucher hast Du vermutet: »Wir werden das große Fest der Wiedervereinigung beide nicht mehr feiern. Auch meine nächsten Nachfolger nicht«.

Vielleicht würde zuerst, eine sehr lange Zeit, das *Fest der Eitelkeiten von Experten* kein Ende finden. Und es war nicht Deine ausgesprochene Begabung, noch weniger Dein Ehrgeiz, an den Eitelkeiten hochqualifizierter Akademiker und Wahrheitserhalter Anteil nehmen zu wollen. Trotz Deiner eigenen Studien, Deiner Ländererfahrungen und Deiner steilen Karriere hast du Dir den Blick zur Mitte nicht verstellen lassen.

Deshalb war es möglich geworden, daß vielen Suchenden und Fragenden durch Dich eine Ahnung und ein Einblick gewährt wurde in jene Sicht der Dinge, wie sie auch die ersten Christen gehabt haben mochten. Für sie bestand ja der Grund ihrer Existenz in nichts anderem als in der Person Jesu, wie er gelebt, gelitten hatte und auferstanden war. Und *»Nachfolge«* war konsequent die verbindliche Übernahme jener Praxis, wie Jesus sie geübt hatte.

Manchmal, im Zusammenhang Deiner einfachen Worte und Auftritte bei den Großen und Kleinen dieser Welt, habe ich an das *Gleichnis Jesu vom Gastmahl* denken müssen (Lk 14,15–24). Darin ist auch vom anbrechenden »Reich Gottes« die Rede, vom großen Festmahl, zu dem viele Gäste eingeladen sind. Viele von ihnen ließen sich entschuldigen. Sie hatten etwas Wichtigeres zu tun: einen Acker kaufen, ein Ochsengespann erwerben, eine Frau heiraten ... Wie konnte es anders sein? Das Hemd liegt näher auf dem Leib als der Rock.

Der Gastgeber, zornig geworden, läßt nun viele andere zum Festsaal hinein – solche, die aus manchen äußeren und inneren Gründen nicht vorgesehen waren. So füllt sich der Festsaal mit Leuten von den Straßen und aus den Gassen. Und keiner von denen, die eingeladen waren, nehmen teil an jenem Mahl, welches Jesus das »Schon-Jetzt« des Reiches Gottes nennt. Zum Ernst der Nachfolge wurden diejenigen zuerst berufen, die die *einfache Sprache Gottes* mit der Geschichte der Menschen zu verstehen nicht verlernt hatten.

Diese Sprache lag auch Dir am meisten. Sie war Dir sozusagen auf den Leib geschnitten – auf Deinen ziemlich unförmigen Leib übrigens. Dieser hatte ja bei den

Maßschneidern des Vatikan nach Deiner überraschenden Wahl zum Papst so große Mühe bereitet. Denn für Dich war keine vorbereitete Soutane vorhanden. Wohl waren vor der Konklave mit seinen elf Wahlgängen fünf Soutanen angefertigt worden, geschätzt nach den Figuren der Kandidaten, die damals als »Papabili« (wählbar) öffentlich und geheim gehandelt wurden. Dazu gehörtest Du nicht. So lag nach Deiner Wahl keine weiße Soutane für Dich bereit. Vom schnellen »Heineinschlüpfen« in eine, damit Du Dich den Massen auf dem Petersplatz zeigen konntest, konnte keine Rede sein. Umständlich haben Dich die Schneider in ein weißes Gewand hinein gezwängt, was Du mit der komischen Bemerkung quittiert haben sollst: »Alle (= d. h. die Kardinäle) wollten mich, nur die Schneider nicht«.

Aber auch die offizielle Zeitung des Vatikan, der »Osservatore Romano«, wollte Dich nicht. Er hatte 25 Biographien von möglichen »Papabili-Kandidaten« zur Hand. Wenn ich mich recht erinnere, ging damals die Nachricht durch die Welt, daß Du auch da nicht vorgesehen warest. Sie war schon ziemlich peinlich: Deine Wahl zum Papst! Zumindestens für die unmittelbar Betroffenen. Heute, mehr als 30 Jahre danach, ist sie eher noch peinlicher geworden. –

Was Deine weiße *Papst-Soutane* betrifft, die im rechten Augenblick nicht zur Stelle war, und die erst im Nachhinein angefertigt werden mußte, scheint sie mir bis auf den heutigen Tag ein Symbol für die Verfassung der gegenwärtigen Christenheit zu sein. Gespalten und aufgesplittert in viele Kirchen, Konfessionen und Tausende von Sekten, die alle irgendwie ihr Eigenleben führen, stellt keine das angemessene Gewand dar, welches das mächtige Wehen des Geistes Gottes, der in allen Religionen und Weltanschauungen am Werk ist und sich spürbar meldet, zu artikulieren und ihm einen Ausdruck zu geben vermöchte. Für das Wirken Gottes gibt es keine adäquaten Systeme und Kanäle. Gottes Wort ist immer nur im Menschen-Wort. Und eine der vielen Religionen, Kirchen und Konfessionen, die weiterhin behaupten würde, daß sie Gott adäquat auszudrücken vermöchte, gibt sich der Lächerlichkeit preis.

Gott bleibt Gott. Und die Menschen sind immer nur Menschen. Wenn sich heute weltweit überhaupt eine allgemeine religiöse Überzeugung gebildet hat bei denen, die die Religion nicht abgeschrieben haben, dann ist es die Vorstellung von der Unfaßbarkeit und Unaussprechbarkeit Gottes, der ohne Schranken und menschliche »Auflagen« seine Heilsgeschichte zu schreiben vermag – sogar mitten in den düsteren Erfahrungen der Menschheit; der Menschen für seine Anwesenheit und seine Ziele zu erreichen imstande ist – wo und wann er will ... Ein solches, allgemein wachsendes Bewußtsein im Blick auf die Evolution der unendlichen Räume und Zeiten des Makro- und des Mikrokosmos macht jede Religion suspekt und fragwürdig, die beansprucht, Gottes Wege kanalisieren und instrumentalisieren zu können.

Ich denke, daß dies der *eigentliche Impuls* war, der Dein Papsttum mit seiner Offenheit und Weltnähe inspirierte. Natürlich konnte man eine solche Einstellung nur gewinnen in Lebenserfahrungen und Kontakten mit konkreten Menschen verschiedenster Geistigkeit. Sie waren nicht zu haben durch das Lesen und Schreiben von Lexika-Kompendien, die in ihrer Spekulation über Gott und die Welt zwar ein extrem hohes Niveau haben mochten, aber die die reale Lebenswelt nicht trafen, mit der sich Menschen konfrontiert sehen und in denen ihnen allein eine Ahnung, Hoffnung oder Sehnsucht aufgehen mag nach jenem ganz Anderen, der das All erfüllt und der nur *einmal* im Antlitz eines Menschen sichtbar erschienen ist.

Manchmal ist mir beim Beobachten Deiner Gesten und Handlungen, bei Deinem Ruf nach dem »Zurück zu den Quellen« der Gedanke gekommen, daß Du das Christentum wieder so definiert und verstanden haben wolltest, wie es einmal seinen Anfang genommen hatte: als eine dauernde Bewegung Gottes auf die Menschen zu, und als eine stets zu suchende und zu gestaltende Beziehung der Menschen zum Menschensohn aus Nazareth. Auf sein Wort sollen Menschen zu einer Antwort fähig werden; zu einer schöpferischen und tätigen Begegnung, die immer wieder gesucht und gefunden werden muß; die sich stets neu artikuliert, indem sie ihr Sprach- und Ausdruckskraft verleiht.

Der *christliche Glaube* also alles andere als eine Religion der Formeln, Formalitäten und Definitionen, sondern eine *Religion* des Bundes zwischen Gott und den Menschen, die in der Gott-Mensch-Symbiose in Christus ihre Höhe und den für alle Menschen entscheidenden Orientierungspunkt gefunden hat! In allen Lebenslagen und in allen geschichtlichen Situationen nach diesem »Modellfall« gottmenschlichen Lebens und christlicher Lebensgestaltung Ausschau zu halten, war seit zweitausend Jahren als Hauptaufgabe angesagt. Alle anderen kirchlichen und konfessionellen Fragen und Anliegen waren dieser Aufgabe als zweit- und drittranging unterzuordnen, könnten sich möglicherweise schnell als überflüssig erweisen, wenn die Frage nach der wirklichen »Nachfolge« zur Diskussion stünde.

Ich denke, Du hast viele Menschen über kirchliche und konfessionelle Grenzen hinaus für solche Perspektiven sehr sensibel gemacht. Du hast allerdings auch dazu beigetragen, daß kirchenamtliche Krämerseelen bis auf den heutigen Tag entsetzlich unwichtige Angelegenheiten als hochgradig wichtig einstufen, die aber gerade deshalb in der Öffentlichkeit den Anschein eines *lächerlichen Theaters* erwecken. Wenn neulich noch ein Bischof schrieb, daß seit einigen Jahren in der Öffentlichkeit in gehässiger, feindlicher und hämischer Weise über die Kirchen gesprochen würde; daß man ihnen anscheinend nur noch alles Unehrenhafte, Unehrliche, Korrupte und Böse zutraue, dann ist dieses Erschreckende natürlich bedauerlich und in mancher Form auch entschieden abzulehnen. Trotzdem denke ich manchmal, daß dies damals bei Dir nicht passieren konnte; daß Deine Nachfolge-Generation sich manches selbst eingebrockt hat. Was bei Dir so wichtig und überzeugend war, ist bei späteren kirchlichen Maßnahmen und Entscheidungen so entschieden vernachlässigt worden: »Bleibt niemand etwas schuldig, nur die Liebe schuldet ihr einander immer« (Röm 13,8). –

In der Tat hast Du es damals verstanden, derselben Weltöffentlichkeit, die uns heute schwer zu schaffen macht, einen großen *befreienden Blick* zu schenken – an Ämtern, Würden, Privilegien, Gedankensystemen und Rechthabereien vorbei. Du hast die Augen für Wirklichkeiten geöffnet, die alle Schemata sprengt. Du hattest es nicht nötig, dauernd um die Gunst und um das Wohlwollen für die Kirchen zu werben. Du hast ihnen eher eine ernsthafte Aufgabe übertragen: Licht der Welt zu sein und Stadt auf dem Berge. Das *»Sein«* sollte im biblischen Sinne entschiedenen Vorrang bekommen vor allem Gerede und hochoffiziellen Stellungnahmen. Und dieses »Sein in Christus« hast Du gläubigen Menschen verschiedenster theologischer Ausrichtung zugestanden. Wie die Sonne für alle da ist, so vermag Christus der Orientierungspunkt für viele zu sein – für Menschen und Völker, die aus verschiedensten Richtungen auf die eine und dieselbe Mitte schauen.

Im *Tun* dessen, was aus dieser Mitte kommt, sollte die Kirche wieder der »fortlebende Christus« werden. Das war ihre entscheidende Rolle. Ihr Meister hatte als Mensch unter Menschen gelebt. Zu vollem Menschsein gelangt, konnte er den Dingen und Realitäten des Lebens offen und unvoreingenommen in die Augen schauen. In seinen Begegnungen mit den Menschen hatte er eine Denk- und Handlungsweise an den Tag gelegt, durch die der Menschheit ein ganz neuer Anfang ermöglicht werden konnte – ein Anfang, dem im Reich Gottes Erfüllung verheißen war, über Kreuz und Tod hinaus. Und diesem »Anfang« hatte die Kirche zu dienen. Sie hatte die Taten Gottes fortzuschreiben. Alles andere war diesem Auftrag unterzuordnen: die Frage nach der Abschaffung und Neuschaffung von Ämtern; die Frage der Laien und der Frauen; die Frage der Kompetenzen und der Dienstanweisungen an Menschen, die je nach ihren Gottesbegabungen für das Fortleben des Evangeliums ihren Beitrag zu leisten gewillt und fähig waren ...

Was Du wolltest, war offensichtlich *das Einfachste und Schwerste* in der Welt zugleich. Viel leichter ist es für die Kirchen, in Spekulationen zu verfallen und sich als Sammlerinnen für alle theologischen Denkvorstellungen seit Jahrhunderten zu betätigen. So schön und erbaulich eine solche Tätigkeit ist, besteht ihr Nachteil darin, daß die Kirchen zu *Museen* werden, statt Impulsgeberinnen für das Leben zu sein. Niemand kann sich dann noch ernstlich darüber wundern, daß sie von den Menschen nicht mehr als Kirchen Christi erkannt und anerkannt werden. Die Kluft wird dann groß zwischen Theorie und Praxis, Anspruch und Wirklichkeit. Denn ihre Kraft ist es dann nicht mehr, die Wege Gottes mit den Menschen zu gehen. Sie vermögen es auch nicht mehr, weil bei allen Theorien die Angst vorherrschend bleibt und die Unfähigkeit, die lebendige Beziehung zu Christus zu leben – bei einer verhängnisvollen Gleichzeitigkeit des Verlustes der Beziehung zu der Lebenswelt der Menschen. Eine Kirche, die so nicht mehr dient, dient in der Tat zu nichts.

Die Hoffnung, die Du damals verbreitet hast, war das Vertrauen, daß Gott trotz der Wirren der Zeit Menschen zu sammeln vermag, die sich am *»Lebensmodell Christus«* zu orientieren bereit sind. Wenn dieses Vertrauen auch bis heute in eine ziemlich große Resignation umgeschlagen ist, gibt es zu dem, was Jesus modellhaft gesagt hat und getan hat, keine Alternative. Was er gesagt und getan hat, ist heute sogar ins Bewußtsein eines Teiles der nicht-christlichen Welt eingedrungen. Die Konzentration auf dieses eine Wichtige ist die einzige Überlebenschance für die Kirchen. Falls sie dazu nicht bereit oder fähig sind, besteht auch kein Grund, ihrem Sterben in den heutigen Gesellschaften nachzutrauern.

DREIZEHNTES KAPITEL

An Gott glauben heißt: an Menschen glauben

Zunächst konnte es niemand so recht glauben, daß Du wirklich ein Konzil einberufen würdest. Als Du es wider die Erwartung vieler tatest, ging eine Flamme der Begeisterung durch die gesamte Christenheit. Jener Kardinal Montini aus Mailand, der später einmal Dein Nachfolger werden sollte, schrieb damals: »Er (der Papst) verstand auf Anhieb, vielleicht aufgrund seiner Eingebung, daß er durch die Einberufung des Konzils Lebenskräfte ohnegleichen in der Kirche freisetzen würde«.

Dabei hast Du bis dahin schlafende und erstarrte Lebenskräfte nicht selbst entfacht. Du hast nur einen *Prozeß* ermöglicht und in Gang gesetzt, den man kirchenamtlich durchaus hätte verhindern können, wie es oft genug der Fall gewesen ist. Du wußtest sehr genau, daß nur ein anderer neues Leben wecken kann: Dein »Chef«, in dessen Dienst Du dich wußtest. Deshalb hast Du auch von einem *»neuen Pfingsten«* gesprochen, welches Du für die Christenheit erhofftest. Damals, beim ersten Pfingsten, war es ja auch ein anderer gewesen, der die verängstigte und verstörte Jüngerschar ermutigte, die Türen und Fenster aufzureißen, um auf die Straße zu gehen. Dort machten sie die Erfahrung, daß da noch viele andere auf das erlösende Wort Gottes warteten und ihre eigene Rolle entdecken mußten zum Gelingen des heilenden Werkes, welches Gott von Anfang an mit seiner Welt und Schöpfung zu tun gedenkt (vgl. Apg 2).

Worin bestand eigentlich das *Pfingstereignis von damals*? In sentimentaler Frömmigkeit? In künstlich geschaffener Begeisterung? In oberflächlichem und seichtem Enthusiasmus, der sich durch charismatische Blindgänger und »Auferweckte« allzu leicht ins Schlepptau nehmen läßt und einen Kater bekommt, sobald der Alltag sie wieder in Beschlag nimmt? Oder in der Erfahrung der einzelnen und der vielen, daß Gott immer nur durch Menschen und mit ihnen zusammen die Welt heilen und erlösen will? Also in einem persönlichen Angerufensein durch einen ganz Anderen, bei dem jeder Mensch eigentlich erst merkt, was in ihm steckt? In der wachsenden Übereinstimmung und Gewißheit, daß Personwerdung und die Annahme seiner selbst nur von Gott her Gestalt und »Antlitz« bekommen kann? Daß das Abbild nur durch das Urbild selbst innere Gewißheit und Festigkeit gewinnen kann – Voraussetzungen für jede echte »Sorge um die Welt«?

Was Romano Guardini einmal als »Einsicht in die eigenen Möglichkeiten und Grenzen« beschrieben hat, wurde an Pfingsten grundgelegt und zugleich vollendet. In den frühen Gemeinden wurde es auch praktiziert. Wenn in der alten Kirche jemand die Taufe empfangen hatte, galt jede/jeder Getaufte als *Geistlicher*, weil geistbegabt und mit dem Geist Jesu ausgestattet (1 Kor 2,12 f). Es war kein Ehrentitel für Priester und Amtsträger. Alle wurden auch *»Kleriker«*, weil sie Anteil erhalten hatten am Los Christi – hineingenommen in sein Leben, Sterben und Auferstehen (1 Petr 5,1 ff). Auch das

Wort *»Priester«* bezeichnete, wenn es überhaupt positiv gemeint war, entweder den einzigen Hohenpriester Christus (Hebr 4,14 ff) oder die ganze christliche Gemeinde (1 Petr 2,9; Apk 1,6; 5,10). Ebenso traf das Wort *»Laie«* auf alle zu, die durch die Taufe zum neuen Volk Gottes gehörten. Heute müßte man entsprechend sagen: Auch die Amtsträger sind »Laien«, wie die Laien »Geistliche« sind.

Das neue Angerufensein jedes Menschen durch Gott, unabhängig von Geschlecht, Volkszugehörigkeit und Stand (Gal 3,28), hatte damals zur aufsehenerregenden Folge, daß Jesus nicht nur einfache und ungebildete *Männer als Apostel* um sich sammelte, sondern *auch Frauen* in seine Nachfolge berief. Von Markus (15,40) werden sie namentlich aufgezählt: Maria aus Magdala; Maria, die Mutter des Jakobus; Salome ...

Von Marta, Priska und anderen Frauen wird berichtet, daß sie führende Persönlichkeiten der frühen Kirche gewesen sind. ... Wenn auch nur im apokryphen Philippus-Evangelium Maria aus Magdala als »Jüngerin Jesu« bezeichnet wird, so kommt darin doch das neue Denken, welches durch Jesus begann, zum Ausdruck. Wo es um die Sache Gottes geht, um den Anbruch des Reiches Gottes und die »christliche« Gegenwärtigsetzung dessen, was Gott auf Zukunft hin mit der ganzen Welt und Schöpfung zu tun gedenkt, dann sind alle von Gott gegebenen Gaben und Charismen gefragt; da ist keine Hand zu viel und kein Kopf überflüssig.

Natürlich gab es auch schon die *»Leiter«* in den Gemeinden, die Aufseher und Diener der Einheit (Bischöfe). Wer solche Dienste übernahm, mußte dazu fähig und bewährt sein. Er mußte mit der Vielheit der

Menschen umgehen können. Auf jeden Fall gab es keine zwei Stände, nicht die Trennung und Unterscheidung von Führern und Geführten, Herrschern und Beherrschten, Wissenden und religiösen Analphabeten. Auch gab es nicht die Unterscheidung zwischen heilig und profan; denn durch Christus war die ganze Schöpfung geheiligt; alles war durch ihn auf Gott hingeordnet.

Damit es aber bei der Vielfalt und dem Überschuß an Menschen und Charismen trotzdem Führung und Wegweisung geben konnte, statt Chaos und Durcheinander, entwickelte sich so etwas wie eine *synodale Struktur* in der Kirche. Wo es um wichtige Angelegenheiten ging, sogar um Streitfragen und Richtungskämpfe, mußte die Zustimmung möglichst aller gefunden und eingeholt werden. Als schon sehr früh Petrus und Paulus in heftige Auseinandersetzungen gerieten, wurden die Ältesten und die Mitglieder der Gemeinde zusammengerufen, damit die junge Kirche zu Entscheidungen fand, die von möglichst vielen mitverantwortet und mitgetragen werden konnten. Das war *mehr als »demokratisch«*. Solche Zusammenkünfte waren getragen und bestimmt von dem Glauben, daß Gott in solchen Zusammenkünften anwesend ist und auf geheimnisvolle Weise seine eigene Entscheidung kundtut (vgl. Apg 15). Der Heilige Geist und wir haben beschlossen! Auf diese kurze Formel bringt Lukas schwierige, aber von Gott selbst gelenkte dynamische Prozesse (Apg 15,28).

Manchmal ist mir im Zusammenhang des Konzils der Gedanke gekommen, daß Dir als gläubigem Papst – als Papst gläubig an den Gott der Geschichte zu sein, ist ja nicht selbstverständlich! – das Apostelkonzil in Jerusalem vorgeschwebt haben mag. Du hast ungewöhnliche Anstöße zum Nachdenken gegeben; Du hast Auseinandersetzungen provoziert und »Richtungskämpfe« zwischen verschiedenen Gruppierungen zugelassen. Oft bist Du lange nicht eingeschritten, obwohl es alle von Dir erwarteten. Du hast abgewartet, bis Du klarer sehen konntest in dem, was sich alles tat. Du hast zuerst beobachtet und registriert, wie sich Bewußtseinsprozesse entwickelten. Sicher wolltest Du auch eines Tages mit Überzeugung und Glaubwürdigkeit verkünden können: der Heilige Geist und wir haben beschlossen! Denn Du wolltest auch nur einer von den vielen sein. Zwar warst Du *der erste* von allen; aber doch auch nur einer von den vielen, in deren Mitte *Gott seine Entscheidungen* reifen läßt.

Welch einen gewaltigen Prozeß hast Du wieder zugelassen! Die Kirche sollte wieder »Volk Gottes« werden, wie sie es »synodal« und »hierarchisch« zugleich schon tausend Jahre gewesen war.

Vielleicht konnte sie es im ersten Jahrtausend deshalb sein, weil es damals wirklich noch um die elementaren Anliegen des Evangeliums ging und um das, was Jesus verkündet hatte: Gottes Taten durch und mit der Gemeinde und die Gemeinde im Dienst an Gottes Taten! Die elementaren Anliegen der Botschaft waren offensichtlich so einfach gewesen, daß jede und jeder sie verstehen konnte, ohne besondere akademische und theologische Ausbildung. Worum es ging, konnte von allen verstanden werden, auch von den Kleinen und Unscheinbaren. Diese wurden die ersten, die an das Reich Gottes glauben lernten, und an die eigene Rolle, die sie dabei zu spielen berufen waren.

Dieser Praxis Jesu entgegensetzt, war schon am Anfang zutage getreten, daß Gebildete, Eingebildete und Würdenträger gerne religiöses »Wissen« für sich in Anspruch nahmen, um Unmündige religiös gängeln zu können. Eigentlich ein »normaler« menschlicher Vorgang, der sich auch im politischen Alltag, im Finanzgebaren der Geschäftstüchtigen und bei wirtschaftlichen Unternehmungen ähnlich abspielt. Insofern hatte sich die Kirche gewaltig an die Welt angepaßt – mehr, als ihr bewußt war und als sie es wahrhaben wollte. Wo es dagegen bei Jesus um wirklich zu lebende Lebenswerte ging, fand er seine Hauptstützen am wenigsten bei den religiösen und politischen Führern seiner Zeit, sondern bei den einfachen Leuten, den Proselyten aus den unteren sozialen Schichten, bei besser gestellten Sympathisanten mit ihren verschiedenen Ethos- und Lebensformen ... Sie lernten zuerst an sich selber glauben und an das, was Gott mit ihnen zu tun gedachte.

Als damals, bei der Ankündigung Deines Konzils, ein gewaltiges Rauschen und Aufatmen durch die Kirchen ging, habe ich an alles das denken müssen. Ich hatte den Eindruck, als wolltest Du die bisherige Kleriker- und Theologenkirche mit ihren Hierarchien, Privilegien und Ämtern wirklich wieder zur *Kirche Jesu Christi* machen. Gleich nach Deiner Wahl fingest Du bei Deinen eigenen Familienangehörigen damit an. Von altersher hatten neugewählte Päpste das Recht, Angehörigen des eigenen Verwandtenkreises hochtrabende Titel zu verleihen. So konnten aus sehr einfachen Leuten über Nacht Grafen und Fürsten werden. Ihnen wurden auch fürstliche Gemächer im Vatikan zum kostenlosen Wohnen zur Verfügung gestellt.

Du hast Schluß gemacht mit dieser Aristokratie, indem Du Deine Verwandten auch weiter »Brüder und Neffen des Papstes« nennen ließest. Nach Deinem Vorschlag sollten sie in ihren ärmlichen Behausungen bleiben, weil es »keinen besseren Adel für sie gibt«.

Bei Deinen ersten Kardinalsernennungen hast Du Dich ähnlich verhalten. Du hast die herkömmlich übliche Anzahl dieses Kollegiums durchbrochen. Nicht nur hochtrabende Worte hast Du für sie gefunden. Du hast ihnen persönlich ins Gewissen geredet, sogar bisweilen mit der Weisung: Möge viel Gutes für den Glauben und die Kirche unter Deinem roten Hut wirken! Auch ein bißchen mehr Geist und Grips!

Solche ungewöhnlichen Worte und Gesten waren wirkliche *Markenzeichen* für den Weg der Kirche zu dem, wie Jesus sie gewollt hatte. Gewiß, Du hast sehr hohe Erwartungen geweckt. Du hast es zugleich verstanden, das Gefühl des Befreitwerdens aus einer versteinerten Kirche in hoffnungsvolle Bahnen zu lenken. Du hast damals das einzig Richtige und Wegweisende getan, was die Kirche bis heute aus der Krise und Sackgasse hätte führen können, wenn Deine Zeitgenossen und Deine verängstigten Nachfolger denselben Mut und dieselbe realistische Ehrlichkeit hätten aufbringen können. Du hast das getan, was Gott tut: »Gott ruft sein Volk zusammen«.

Dieses »Zusammenrufen« hat auch früher schon System und Methode gehabt. Papst Leo I. hatte sie im fünften Jahrhundert auf die Formel gebracht: alle öffentlichen Angelegenheiten der Kirche müssen öffentlich verhandelt und zu einer gemeinsamen Entscheidung geführt werden! Eine möglichst große Zustimmung durch möglichst viele war gefordert (consensus horizontalis und consensus verticalis), wenn die Kirche Christi wirklich die Kirche Jesu sein und bleiben wollte, die durch Zeiten ging und der der heilige Geist verheißen war. In dieser Sprache hätte man bis auf den heutigen Tag bei dem Bekenntnis bleiben müssen: *unfehlbar fehlbar* bleibt in der Kirche alles, was diesem »Sein Christi« und seiner Kirche als Ganzheit nicht entspricht. Wo das *synodale Wesen der Kirche* außer acht gelassen wird, wird Verrat geübt am Wesen der Kirche und an der Botschaft, von der sie lebt.

Hinter solchen Gedanken steckte natürlich, schon seit der Apostelzeit, ein bestimmtes Verständnis von *Glaube* und *Wahrheit*. Jesus lehrte einen *personalen Glauben*, der als Lebenswahrheit und Lebensvollzug stets existentiell »tätig« sein mußte; einen *Beziehungsglauben*, der immer wieder die Beziehung suchte zu dem, der die Mitte des Glaubens selbst ist. Aus dieser Mitte heraus rief er eine Nachfolgegemeinschaft ins Leben, die ausgestattet bleiben sollte mit demselben Denken und Tun der Liebe, wovon sein eigenes Leben bestimmt gewesen war ...

Solche existentiell zu suchende und zu lebende Wahrheit im Blick auf den, der die Wahrheit in Person ist, hatte nichts mit kirchlichen Rechthabereien zu tun; auch nichts mit einem Kampf um ein Christentum als »wahre Lehre«, die gegen alles »Unorthodoxe« zu verteidigen war. Eher war es ein Kampf um die *rechte Form und Praxis der Liebe*, wie verschiedenste Lebenslagen in Kirche und Welt sie erforderlich machen. Dieser Kampf konnte nur geführt und erfolgreich überstanden werden, wenn sich der Blick möglichst vieler auf das

Leben Christi richtete, um ein hohes Maß an Gleichförmigkeit mit seinem Leben zu erreichen. Ohne dieses Grundanliegen mußte das Christentum wie eine Beute in die Hände von Gescheiten, von Ehrgeizigen und Herrschern dieser Welt fallen, mit dem empörenden ewigen Gerede über die »wahre Liebe« und einzig »gültigen Glaubenswege«. Was dabei auf weiten Strecken verfehlt wurde, waren die wirklich menschennahen und situationsangemessenen Taten der Liebe und damit die Zeichen einer tragfähigen Hoffnung auf eine andere, gottgemäßere Welt.

Deshalb hast Du damals die Bischöfe nach Rom gerufen. Du hast es zugelassen, daß alle die von kirchlichen Verwaltern vorbereiteten Papiere vom Tisch gefegt werden konnten. Denn beim Konzil gab es einige mutige Vertreter aus Köln, Lyon und anderen Bischofsstädten, die aufstanden, wie Paulus auf dem Apostelkonzil. Dieser hatte es schon in der ersten Zeit zu verhindern verstanden, daß die junge Kirche von Feigheit und Unaufrichtigkeit regiert wurde (vgl. Apg 15 u. Gal 2). Wahrscheinlich kamen Dir die zuerst wenigen Mutigen auf dem Konzil gerade recht. Denn sie ermöglichten jene Auseinandersetzung, die für das Ganze der Kirche neue Weichen stellen sollte; die auch dem Wirken des Geistes von innen her menschengemäße Wege erschloß.

Du hast *von der Mitte her* der ganzen Welt die Augen dafür geöffnet, daß der Botschaft des Mannes aus Nazareth eine Bedeutung zukommt, die weit über alle konfessionellen und religiös-weltanschaulichen Grenzen hinausgeht. Du hast dabei den Eindruck erweckt, daß alles im Namen Jesu möglich ist – nur nicht seine Inhaftierung in theologische, kirchenamtliche und sakramentale Kerker und Gefängnisse. Weil Gott »konfessionslos« ist, konntest Du Dich an alle Menschen »guten Willens« richten. Denn schließlich warest Du ja der »primus inter pares« einer Menschheit, die bis in ihre tiefsten Wurzeln hinein auf den hin geschaffen worden war, in dem Erlösung und Erfüllung zu finden sind. Was hatte die Kirche Anderes und Besseres zu tun, als diesem Ziel zu dienen? Daß in wichtigen Zentren der bisherigen Christenheit Deine Vision nicht erkannt und deshalb auch nicht schöpferisch aufgegriffen wurde, ist ihr bis heute teuer zu stehen gekommen. Es wird sie an den Rand des Todeskampfes führen, in eine Zerreißprobe mit apokalyptischen Ausmaßen!

VIERZEHNTES KAPITEL

Bei »Unmündigen« fandest Du, was den Weisen und Klugen allzu oft verborgen bleibt

Die Christenheit wolltest Du erneuern! Die Kirchen lebendig machen! Die Konfessionen zur Einheit führen! Ich kann mir nicht vorstellen, daß Du Dir da etwas vorgenommen hattest, dessen utopischer Charakter Dir verborgen geblieben wäre. Denn als erstes mußte wohl ein *gordischer Knoten* durchschlagen werden mit dem Ziel, ein Dilemma zu lösen, in dem sich die Christenheit seit langem befand. Es ist das Dilemma zwischen Anspruch und Wirklichkeit.

Von Erneuerung zu reden, war ja nicht neu. Auch das »Zurück zu den Quellen« nicht. Überhaupt waren große Worte schon immer im Gebrauch gewesen und hatten die Sonntagsreden der Kanzelprediger mit Macht erfüllt. Von der Verantwortung statt Müdigkeit aller Guten war die Rede; von den Laien und mündigen Christen; von den Bewährten im Leben statt von Gottesfunktionären; von mehr Gemeinschaft und Geschwisterlichkeit ...

Aber solche Forderungen und stets wiederholten Postulate hatten eigentlich zu nicht viel anderem geführt als Ratlosigkeit zu produzieren. Denn was konnte es nützen und bewirken, wenn sich die Gläubigen bei großen Massenveranstaltungen immer wieder große Dinge anhören mußten, die etwas mit der Mitverantwortung aller in Kirche und Welt zu tun hatten und niemand – nach den erbaulich-frommen Worten – eigentlich wußte, wie dies alles konkret zu bewerkstelligen sei, welche konkreten Maßnahmen nun ergriffen werden müßten?

Du hast solche *konkreten Schritte* ins Auge gefaßt. Du hast beim Konzil nicht nur vorbereitete und unterschriftsreife Konzepte vom Tisch fegen lassen, sondern auch unvorhersehbare Impulse und Richtungsanweisungen gegeben. Du hast veranlaßt, daß das beim Konzil Begonnene in den Orts- und Landeskirchen weitergehen müsse. Die Kirchen vor Ort müßten es wieder lernen, viele bisher zentralistisch verwaltete und verordnete Anweisungen in die eigene Verantwortung zu nehmen; viele pastorale Probleme müßten »vor Ort« gesehen und konstruktiv angegangen werden. In solchen Zusammenhängen wurde von *»Synoden«* in den einzelnen Landeskirchen gesprochen, also von Zusammenkünften mit dem Ziel, eine klare und konkrete Bestandsaufnahme zu machen und aus dem Geist des Evangeliums heraus auch den Mut zu unkonventionellen Antworten und Lösungen aufzubringen.

Nach dem Konzil wurde nicht nur davon geredet. Es fanden ganz im Sinne Deiner Vision von Kirche und Gemeinschaft solche Synoden statt. Dabei haben sogar die »unmündigen« und theologisch »unterentwickelten« Gläubigen der Länder der Dritten Welt eine Vorreiterrolle gespielt. Es trafen sich landesweit Männer und Frauen – Leute, die etwas zu sagen hatten – mit ihren Theologen und Bischöfen. Sie kamen bei ihren Treffen zu Ergebnissen, die vorher niemand vermutet oder zu ahnen gewagt hätte. Es entwickelte sich eine bisher nie gekannte Lebendigkeit »von der Basis her« – zusammen mit dazu fähigen Hirten. Wer hätte damals bei diesem »Frühling der Kirche« ahnen können, daß die Unfähigkeit dazu allmählich die Oberhand gewinnen würde? Jedenfalls waren zunächst Ortsnamen und Städte wie Puebla, Medellin, Würzburg, Rottenburg-Stuttgart, Hildesheim ... in vieler Munde, weil hier im Sinne des Konzils angefangen worden war, bahnbrechende Pionierarbeit zu leisten.

Natürlich kamen sie nicht zu »fertigen Lösungen«, die es ohnehin niemals gibt und die es seit 2000 Jahren niemals gegeben hat. Aber es waren Perspektiven und Impulse, die getragen und mitbestimmt waren von der »Stimme des Volkes«. Sie waren dazu angetan, zum Gehen eines Weges zu ermutigen mit zum Teil unbekanntem Ziel. Sie waren eine Aufforderung an alle, beim Gehen von Wegabschnitten und beim Erproben konkreter Entscheidungen neue Erfahrungen zu sammeln; vielleicht auch Mißerfolge und teilweises Scheitern zuzulassen – aber immer in der gläubigen Erwartung, daß Gott in jedem Sterben neues Leben zu wecken vermag.

Wenn Du mich fragst, Johannes, was aus diesen ganzen Ansätzen geworden ist und wie ich die letzten dreißig Jahre nach Deinem Tod persönlich erlebt und empfunden habe, so will ich Dir die Antwort nicht vorenthalten. Zunächst kann ich dazu nur sagen, daß sie das alte *kirchliche Dilemma*, aus dem Du heraus wolltest, auf eine universale Weise deutlich gemacht haben. Ich muß Dir auch zugestehen, daß ich im Augenblick in der ganzen Welt kein Dilemma kenne, welches – Du mögest mir solche Ausdrücke verzeihen – unsinniger, widersinniger und widersprüchlicher wäre.

Da wird die Lebendigkeit der Gemeinden postuliert; aber wehe, wenn sie sich auf den Weg machen! Von den Laien, Frauen, bewährten Gläubigen wird gesprochen, aber wehe, wenn sie wirklich etwas Unkonventionelles zu sagen haben! Die Neuevangelisierung und Weitergabe des Glaubens stehen lautstark auf dem Programm; aber wehe, wenn an bisherigen Macht- und Einflußstrukturen gerüttelt wird! Die Kirche als Gemeinschaft von Brüdern und Schwestern ist man lautstark dabei zu verkünden und sich einzureden; aber wehe, wenn die Brüder und Schwestern im Geist und Sinn des Evangeliums ihre eigenen Gnadengaben und Charismen entdecken und – um der Weitergabe des Evangeliums willen – nach der Neuformulierung und Neubesetzung von Diensten und Ämtern fragen, wie es in früheren Jahrhunderten gang und gäbe gewesen war! Vom Wehen und Wirken des Heiligen Geistes ist in Sonntagsreden und bei Massenveranstaltungen die Rede; aber wehe, wenn irgendwo auch nur ansatzweise der Eindruck entsteht, daß der Heilige Geist »sein Volk« zu Maßnahmen ermutigt, die herkömmliches Denken sprengen, die aus sentimentalen Frömmigkeitsübungen herausführen und zu verändernden Taten Anlaß geben ...

Man könnte das »Wehe« noch beliebig fortsetzen. Aber es macht ein gewaltiges Dilemma deutlich, welches Du eher verschärft als gemindert hast. Denn vor Dir waren noch die meisten damit zufrieden gewesen, daß die Volkskirchen und ihre Hirten *rhetorisch* zu neuen Ufern aufbrachen. Durch Dich und Dein Konzil ist weltweit deutlich geworden, daß dieser rhetorische Aufbruch eine Lüge ist. Eine bequeme Lüge allerdings.

Deshalb haben sich bis heute wieder zu sammeln begonnen, die mit der herkömmlichen religiösen Versorgung recht zufrieden sind, weil sie keine besondere Mühe kostet.

Andere Gruppierungen haben Hochkonjunktur. Manche proklamieren die Angst vor der Welt und ihren Untergang. Für sie erweist sich die Welt als schlecht. Sie ist gekennzeichnet von Unglaube, Unmoral, Dekadenz und Niedergang. Der Feind ist dabei, auf eine radikale und globale Weise Glauben und Religion zu gefährden. Seine Gefährlichkeit ist insofern größer geworden, weil seine »Stellungen« schwerer als früher ausfindig zu machen sind. Früher hatte er die Namen Kommunismus, Sozialismus, Faschismus ... Heute ist er schwerer auszumachen, ist das Feindbild ein anderes, nebelhafteres und rätselhafteres geworden ...

In der Angst vor der Welt und vor der eigenen Courage wird nach den Fundamenten des Glaubens gefragt. Es gilt, Glaube und Religion überall dort zu verteidigen, wo sie bedroht sind. Wo sind sie bedroht? Überall und nirgends! Was ist Glaube? Welches sind seine Fundamente? Für gewisse Kreise stellen sich die letzten beiden Fragen nicht. Glaube ist schlicht und einfach jener Satz- und Katechismusglaube, wie er von der Kirche »immer schon« vorgegeben worden ist. Bei ihm handelt es sich um einen Papst- und unfehlbaren Lehramtsglauben, wie alle ihn früher akzeptiert haben, wie er allerdings heute auch in der Kirche nicht mehr allgemein akzeptabel erscheint.

Der Feind also mitten in der Kirche! Er hindert die Menschen daran, sich nicht mehr im religiösen Verstandes- und Willensgehorsam zu unterwerfen. Er flößt ihnen sogar ein, einem religiösen Pluralismus zu huldigen und ermutigt dazu, wenigstens in manchen Punkten den persönlichen Dissens zum Lehramt zu leben, ohne dies als Untreue gegen den Heiligen Geist zu werten. Er ist der große Versucher zu kritischen Fragen und Anfragen an das obrigkeitliche Amt, ohne daß er sensibel für die Gefahr macht, daß damit die Verbindung mit Christus unwiderruflich auf's Spiel gesetzt wird. Er läßt gläubige Christen verschiedene Verbote leichtfertig und gewissenlos übertreten, ohne daß diese ihr Verhalten noch als Angriff gegen die Heiligkeit Gottes selbst zu interpretieren imstande sind. –

So oder ähnlich lauten die Botschaften. Für viele ist deshalb die Rückkehr zu den Fundamenten, um nicht zu sagen zum *Fundamentalismus*, das Gebot der Stunde. Dabei ist das »letzte Fundament« natürlich die Bibel, in der der Wille Gottes unfehlbar und absolut irrtumslos festgehalten ist. Man muß sie nur wieder »wörtlich« verstehen, da Gott seine Offenbarung wörtlich in ihr hat niederschreiben lassen. So allein kann die Christenheit jene innere Sicherheit und Festigkeit wiederfinden, wie sie sie einmal hatte. Nur so kann »der Glaube« die Bedrohungen und Unsicherheiten der Zeit überstehen.

Es liegt etwas Faszinierendes in diesem Anspruch, den Glauben der Kirche auf solch radikale Weise wieder leben und verteidigen zu lernen. Jedenfalls haben solche Tendenzen steigende Konjunktur. In allen Religionen übrigens. Denn die *Angst* vor den bösen Mächten ist weltweit geworden. Es ist fast eine apokalyptische Angst, die die Menschheit zu erfassen im Gange ist. Vieles an der Schwelle des neuen Jahrtausends deutet darauf hin, daß die Zeit nicht zum Besseren steht. Der frühere Glaube an den Fortschritt und die Machbarkeit aller Dinge hat in weiten Kreisen gewaltige Einbrüche erlitten. Die Menschheit ist auf dem besten Weg, ihren eigenen Untergang zu programmieren.

Was liegt da instinktiv näher, als sich auf dem sicheren Boden des Glaubens ein neues und einzig zukunftsträchtiges Fundament zu schaffen! Es liegt im Glauben an Gott und seine Stellvertreter. Ohne Wenn und Aber.

So berechtigt die Frage nach den Fundamenten ist, so lösen fundamentalistische Tendenzen einen faden Beigeschmack bei mir aus. Ich denke dabei an meine jahrelangen Erfahrungen mit den Naturreligionen Afrikas. Auch bei den heidnischen Völkern gab es immer schon eine Fülle von dubiosen und undefinierbaren Ängsten. Böse und gute Götter, Geister und Ahnen spielten dabei eine Rolle. Man suchte die Ängste durch *Fetischismus* und *Magie* zu bewältigen. Indem Gegenstände, Tiere und Menschen zu Gott erklärt beziehungsweise mit guten oder bösen Mächten identifiziert wurden, bedeuteten sie Heils- oder Unheilsgarantien. Deshalb mußte eine *Gottessicherheit* immer wieder in Formeln, magischen Praktiken, in einer bestimmten Sprache und Symbolik gesucht und gefunden werden. Wer Riten, Tänze und obskure Praktiken nicht mitmachte, konnte sich des Bösen nicht erwehren, mußte der Rache aufgebrachter Geister sicher sein.

Manchmal denke ich, daß sich in der Versuchung zum christlichen Fundamentalismus eine moderne Variante magischer Religiosität auftut. Unter dem Deckmantel besonderer Frömmigkeit werden Satz- und Rechtgläubigkeit geübt, die Gottessicherheit gewährt. Die

Heilsgarantien findet man in Riten, Formeln und Sätzen, in klar vorgeschriebenen Praktiken, Ämterdefinitionen und Dienstzuweisungen, in hierarchischen Unfehlbarkeitsansprüchen und in einer ganz bestimmten, nicht hinterfragbaren patriarchalischen Kirchenverfaßtheit. Wer sie in Frage stellt, gehört nicht mehr zur Partei Gottes. Wer zu ihr gehören will, muß sich ihr bedenkenlos unterwerfen, muß sich fraglos festlegen lassen, so wie Gottes Wirken auch fraglos durch seine Stellvertreter festgelegt ist.

Um *»den Glauben«* zu retten – oder vielleicht doch nur, um herkömmliche kirchenpolitische Stellungen zu erhalten? – werden anscheinend, bewußt und unbewußt, die anonymen Ängste der Menschen, ihre Unsicherheiten und ihre Bedrohungen benutzt, um zu christlichen Formen von Magie und Fetischismus Zuflucht zu nehmen. Deshalb hat eine unübersehbare Zahl wacher Christen große Schwierigkeiten, den Glauben von Fundamentalisten als christlichen Glauben zu identifizieren, wenn er auch von Würdenträgern bis in die höchsten Spitzen hinein anscheinend so verstanden und kirchenpolitisch vertreten wird. Vieles spricht dafür, daß es sich eher um einen *verborgenen Unglauben* handelt, allerdings unter dem Deckmantel des Glaubens. Hier wird Beelzebub mit dem Teufel ausgetrieben – ein Unterfangen, welches Jesus schon als unmöglich hingestellt hat (vgl. Mt 12,22–37).

Wie Jesus schon durch den Geist Gottes und nicht durch Buchstaben und Definitionen die Dämonen ausgetrieben hat, so hast auch Du als Papst es versucht. Für viele bestand und besteht das Befreiende Deines Glaubensverständnisses in der Bejahung und Aktualisierung dessen, was Jesus gesagt und getan hat. Auch er war mit seinen Jüngern mit dem Boot vom Ufer abgefahren und hatte sich den Stürmen des Sees ausgesetzt. Er hatte die Seinen nicht vor Gefahren und Unsicherheiten verschont; er hatte nicht dazu überredet, an Land zu bleiben und gar nicht erst vom Ufer abzustoßen. In der größten Gefahr hatte er sich sogar als schlafender Meister erwiesen und doch seine aufgeschreckten Jünger zur Rede gestellt: Was ist Euer Glaube? Warum verlaßt Ihr Euch nicht auf mich, der ich doch da bin? (Vgl. Lk 8,22–25).

Manchmal denke ich, daß das Konzil und seine späteren Entwicklungen einer solchen *Ausfahrt auf die unsichere See* ähnlich waren. Sie ereigneten sich unter dem Sternzeichen »des Vaters des Glaubens«. Auch für *Abraham* stellte sich eines Tages die Aufgabe, aus dem vertrauten Land seiner Väter aufzubrechen. Im Loslassen aller bisherigen Bindungen und Sicherheiten mußte er sich auf einen unsicheren Weg machen, dessen Ziel und Sinn keine eindeutige Gewißheit duldeten. Beides mußte auf dem Weg stets neu gesucht, gefunden und verwirklicht werden. Und immer dann, wenn sich ein Stück Gewißheit zeigte, mußte er sich wieder auf ein neues Stück des Gehens einlassen. Nur im Glauben an Gott machte er sich immer wieder auf den Weg in eine ungewisse Zukunft. Gerade dieses Verhalten erwies sich als Heilsweg. Weil er nicht auf seine eigene Selbsterhaltung bedacht war, konnte er loslassen und Fremden, Außenstehenden, »den Völkern« zum Heil und Segen werden ... (vgl. Gen 22, 12, 15).

Wie Gott ein *Gott des »Vorübergangs«* ist, den niemand je gesehen hat und dessen Angesicht niemand zu sehen vermag (vgl. Ex 33,19 ff), so dürfen Menschen, die sich gläubig nennen, niemals in die Versuchung fallen, Gott an bestimmten Orten, in konkreten Lebenserfahrungen, an zeitlosen Symbolen und Sätzen festzumachen. Gott ist auch durch »unfehlbare Kriterien« nicht in die Verfügbarkeit von Menschen gegeben. Diese können immer nur den Kontakt und die Begegnung mit ihm suchen; können immer nur auf Lebenssituationen Jesu verweisen, um die eigenen an ihnen zu messen. In solch dauernder Begegnung finden Antwort und Anbetung statt. Mit Christus war für die Christen der ersten Stunde die Zeit angebrochen, in der der Vater weder auf dem Weg noch in der Stadt angebetet wird. Mit ihm war die Zeit da, in der die wahren Beter den Vater anbeten »im Geist und in der Wahrheit« (Joh 4,23).

Wenn ich an das *Konzil* und viele nachfolgende *Synoden* zurückdenke, so waren sie bestimmt vom Geist des Exodus im Gegensatz zu denen, die auf jeden Fall zu Hause bleiben wollten (vgl. Lk 15,11 ff). Deshalb konnten diese christlichen Versammlungen auch recht freimütig mit herkömmlichen Wertvorstellungen und Gewohnheiten umgehen. Wo der Glaube an den Gott des Weges und der Wegzeichen wieder entdeckt wurde, konnten »heiße Eisen« angefaßt und neue Wege beschritten werden. Wie in früheren Zeiten konnte als erstes dem Volk Gottes – im Namen des Evangeliums und um der Weitergabe des Evangeliums willen – das Sprechen und Mitentscheiden erlaubt werden, auch dann noch, wenn sich herausstellte, daß sein Denken zu anderen Ergebnissen kam, als sie herkömmlich festgelegt und kirchenamtlich vorgesehen waren. Von »Nächstenliebe und weltweiter Gerechtigkeit als Glaubenszeugnisse« war sehr schnell die Rede; von der Priesterweihe von im Leben bewährten Männern; vom Zugang der Frauen zu allen Ämtern; von der Laienpredigt; von menschennahen Gemeindebildungen und pluralen Glaubensformen; von der eucharistischen Gastfreundschaft unter denen, die die elementaren Anliegen des Evangeliums zu leben versuchen; von konfessionsverbindenden Ehen; von der Zulassung wiederverheirateter Geschiedener zur Eucharistie, falls wirklich ein neuer Lebensanfang gesucht wird ...

Im Zusammenhang des Konzils ist weltweit zutage getreten, daß es viele Menschen gibt, die *Glaubenserfahrung* und *Glaubenskompetenz* besitzen; Fähigkeiten und Gottesgaben, die sich im Leben bewährt haben und von daher für die Zukunft unverzichtbar sind. Für Dich als Papst, wie für viele heute, ist es deshalb völlig unverständlich und gegen den Geist des Konzils, daß viele zukunftsträchtige Vorschläge bisher nicht oder kaum zum Zuge gekommen sind. Das Volk Gottes soll eben doch nicht Volk Gottes sein! Auf der einen Seite sind viele Bewußtseinsprozesse in Gang gekommen; viele Ideen und Vorstellungen des Konzils haben sich bis an die Basis herumgesprochen. Auf der anderen Seite »Restauration« und weitverbreitetes, fundamentalistisches Denken, bei dem nicht immer ganz klar ist, was dabei eine größere Rolle spielt: der magisch-fetischistische Unglaube oder der Wille zur Erhaltung eines Amtsverständnisses, das von Macht- und Einflußmöglichkeiten beherrscht wird ...

Wo Zuständereformen auf jeden Fall verhindert werden sollen, wird dem Volke Gottes die Aufgabe einer *»Gesinnungsreform«* zugestanden. Bei allem aber wird die *»Letztzuständigkeit«* der Hierarchie mit *»Alleinzuständigkeit«* verwechselt. Die Gläubigen werden weiterhin in die passive Rolle von Gehorchenden und Unzuständigen gedrängt, die kein eigenes Gewissen und keine maßgebliche Meinung zu äußern haben. Die Möglichkeit, daß Gott seinem Volk auf dem Weg durch die Zeit bei Versammlungen, bei gemeinsamen Gebeten und Gesängen, bei konkret zu ergreifenden Maßnahmen und Entscheidungen erleuchtend nahe sein könnte, gilt kirchenrechtlich als nicht vorgesehen. Nicht nur die Gläubigen, auch Gottes Geist möge sich gefälligst an kirchlichen Vorgaben orientieren!

FÜNFZEHNTES KAPITEL

Dein Aufbruch zum »kapellenlosen Glauben«, der überall seine Wunder tut

Noch Eines ist seit Deinem grandiosen Versuch, vor dreißig Jahren die Türen und Fenster der Kirche weit zu öffnen, zum Vorschein gekommen: die Zukunft von Glaube und Religion ist nicht identisch mit der Zukunft der Kirchen und Konfessionen. Es entwickelt sich heute weltweit, auch innerhalb der sogenannten säkularisierten Gesellschaften, ein *religiöses Bewußtsein*, welches dem der Kirchen recht unähnlich ist.

Du bist wohl der erste Papst gewesen, der diesen Tatbestand weltweit bewußt gemacht hat. Bis heute ist es nicht leicht, Kenntnis davon zu nehmen. Denn früher waren Glaube und Religion identisch mit den großen Kirchen. Beides schien in ihnen adäquat aufgehoben, schien eine angemessene Liturgie und theologische Sprache in ihnen zu finden. Als es dann im Laufe der Neuzeit immer mehr dazu kam, daß sich Menschen von dem so und nicht anders strukturierten Kirchentum distanzierten, wurde ihr Verhalten lange Zeit als Unglaube, als Säkularismus, Materialismus und Nihilismus abgetan. Das um so mehr, je zielstrebiger sich solche unkirchlichen Tendenzen in christentumsfeindlichen Machtblöcken organisierten und so als eindeutige Feindbilder auszumachen waren.

An dieser Konstellation hat sich in den letzten Jahren entscheidend viel verändert. Weltmächte wurden in kürzester Zeit hinweggefegt. Zum großen Teil haben sie sich selbst ad absurdum geführt. Was das Seltsame dabei ist, zeigt sich allmählich, aber unübersehbar: die herkömmlichen Kirchen gehen nicht gestärkt aus den Trümmern atheistischer Weltanschauungen hervor, obwohl sie viel zu deren Zerstörung beigetragen haben, sondern eher geschwächt, unsicher taktierend, auf eine nicht unbedingt überzeugende Weise nach neuen Einflußmöglichkeiten Ausschau haltend.

Während in der Kirche einem nachreformatorischen Katechismus-Fetischismus gehuldigt wird, erweist sich die kirchenferne Welt ihrerseits als durchaus offen und disponiert für religiöses Suchen und Fragen. Allerdings findet sie ihre Organisation, Sprache und Ausdruckskraft weitgehend nicht in den herkömmlichen Kirchen. So gebiert sie Herden, die keinen Hirten haben. Die Aussage Jesu: »Bittet den Herrn der Ernte, daß er Arbeiter in seine Ernte sende« (Mt 9,38), besitzt deshalb höchste Aktualität. Aber was für Arbeiter? Selbst wenn es morgen wieder viele davon gäbe, wären sie wohl auf das Neue nicht vorbereitet, was da an »religiösem Bewußtsein« von der Welt her auf sie zukommt.

Inzwischen scheinen Literaten, Dichter, Schriftsteller, Lieder- und Filmemacher an die Stelle der Priester und Propheten zu treten. Sie nehmen sich in einer einfachen und allen verständlichen Sprache der großen Themen an, die die Menschen bewegen. Nicht selten sind sie auch inspiriert von biblischem bzw. urtümlich christlichem Geist, wobei sie nach keiner herkömmlichen Autorität und Institution Ausschau halten oder nach Lehraussagen bzw. ethisch-moralischen Vorschriften. Der Glaube an *feste Wahrheiten* und *feste Gottesbilder* ist ihnen im Laufe der Neuzeit abhanden gekommen. Wiederentdeckt wird die Heilige Schrift als ein historisches Dokument, in dem eine vielgestaltige Auseinandersetzung um den Glauben bezeugt wird. Im Alten Testament wird das Ringen von Menschen um den allmächtigen Gott geschildert, der sich als rächend, barmherzig, leidend und schwach erweist (Jes 45,7). Ebenso ist das Fragen nach dem Jesusbild des Neuen Testamentes vielgestaltig und zum Teil sogar gegensätzlich.

In der Tat fanden nach dem plötzlichen Tod und der Auferstehung Jesu in der ersten Zeit vielgestaltige Versuche statt, einen Zugangsweg zu ihm zu finden. Jesus hatte sich als einer erwiesen, der in seiner Botschaft dazu angetreten war, alte Verheißungen zu erfüllen und die volle Erlösung der Menschheit zu eröffnen. Beim *Glaubensbekenntnis* der ersten christlichen Zeit wie auch bei der *christlichen Taufe* ging es stets um eine personale und gemeinschaftliche Bindung an Jesus Christus. Dementsprechend gestaltete sich die Beziehung zu ihm sehr vielfältig. Es entwickelte sich so etwas wie eine »plurale Theologie« mit einer vielseitigen Sichtweise, so daß die jeweiligen Jesusbilder offen blieben für andere Zugangswege zum gekreuzigten und auferstandenen Herrn.

So wetteiferten judaisierende Christengemeinden mit libertinistischen Heidenchristen und umgekehrt. Es gab Enthusiasten und Radikale, die große Schwierigkeiten hatten mit eher besonnenen, dem Alltag nüchtern gegenüberstehenden Christengruppen. Zelotische Rigoristen setzten sich mit »pazifistischen Gemeinden« auseinander, die ihrer Ansicht nach zu lau und oberflächlich lebten. –

Bei all diesen verschiedenen christlichen Traditionen mit ihren vielgestaltigen Erscheinungsformen blieb doch die Orientierung an Jesu Worten und Taten allen gemeinsam. Die glaubende Lebensorientierung an »Christus, dem lebendigen Sohn Gottes« (Mt 16,16), die daraus sich ergebende Praxis der Liebe mußten immer wieder neu gesucht und gefunden werden. Die *Pluralität* christlicher Gemeinden und Lebensentwürfe erwies sich zwar als anstrengend, aber nicht als störend, eher als notwendig, um die Jesusbotschaft fruchtbar zu gestalten und effektiv auf Zukunft hin lebendig zu halten.

Wenn nicht alles trügt, ist gerade unter diesem Gesichtspunkt die *Gestalt Jesu* in der heutigen Welt wieder »interessant« und lebendig geworden: bei den Juden, bei Christen aller Konfessionen, bei Gläubigen nichtchristlicher Religionen und Weltanschauungen, sogar bei Atheisten. Er war ein Mensch wie alle Menschen und ist deshalb den Weg aller Menschen gegangen; als Mensch hat er den Geist Gottes empfangen und war gerade darin Gottes Sohn; als Empfänger des Geistes Gottes gibt er ihn an Menschen weiter. Zudem hat er eine Botschaft vom werdenden Gottesreich verkündet, das jeder zum Wachsen und zur Entfaltung zu bringen vermag, der die Taten Gottes in der Geschichte vorantreibt – jedem Tod, jeder Niederlage, jedem Kreuz zum Trotz.

Dieses neugewordene Interesse an der Gestalt Jesu verbündet sich zugleich mit einem bezeichnenden *Desinteresse* an klaren Aussagen und Definitionen über Gott, an festen Vorstellungen, Bildern und umfassenden Glaubensbekenntnissen. Wie jeder aus Erfahrung weiß, vermag man noch nicht einmal einen anderen Menschen, mit dem man eine Beziehung lebt, zu definieren oder irgendwie »festzumachen«. So erst recht nicht Gott. Wie eine Beziehung immer wieder neu geknüpft, allen Zweifeln und Widerständen zum Trotz stets neu gefunden werden muß, so auch die Beziehung zu Christus und zu dem, was er maßgeblich und vorbildlich für alle gesagt und getan hat. Von daher sind Gotteserfahrungen und Gottesnahe nur möglich in menschlichen Lebensentwürfen, die von Geborgenheit, Liebe, Treue, Freude, Krankheit oder Leid geprägt sind. Christusnähe erweist sich in verschiedensten Lebenslagen nicht als Begriffenes, sondern als Sehnsucht, als Ahnung und Hoffnung auf die Erfüllung dessen, was menschlich sinnlos und unerfüllt bleibt. In den Ahnungen der Menschen und Völker schenkt sich Gott als eine Ahnung des Daseins, wächst die »Sehnsucht nach einem ganz Anderen« (M. Horkheimer).

Wo es um solchen »Glauben« in den säkularisierten Gesellschaften geht, da wird die »Theologentinte« als »dünn geworden« und »nichts mehr sagend« entlarvt; da wird das Wort Gott »zum letzten der Wörter, zum ausgebeutetsten aller Begriffe, zum Proleten der Sprache«. Und wo nach einem »neuen geistlichen Spiel« gefragt wird, erweist sich dieses als »Ende vom geistlichen Spiel« (Kurt Marti).

Gottes Offenbarung wird als »Lichtsehnsucht im Menschen« erkannt, die sich durch die Lebensentwürfe der Menschen mühsam ihren Weg bahnt und die unerhörte Lernprozesse erforderlich macht, damit Gott erkannt werden kann als ein in menschlicher Geschichte lebensnah Handelnder (Nelly Sachs).

Wo Menschen vor allem wegen zusammengebrochener Weltanschauungen und Ideologien einem *neuen »Zeitgeist«* auf der Spur sind und nach sich selber fragen, nach ihren Hoffnungen, Zweifeln, Ängsten und Enttäuschungen; wo sie im Wechselbad der Meinungen, Überzeugungen und Sicherheiten nach einer Antwort suchen; wo im Blick auf das Böse in der Welt niemand da ist, der den gemarterten Kindern und den geschundenen Menschen eine wirkliche Hilfe ist; wo Dichter, Poeten und Wissenschaftler die Agonie der Welt diagnostizieren und beschreiben, da ist der Abschied von den herkömmlichen Bildern und Gottessymbolen vorprogrammiert; aber auch vom Gott der Theologen, der zu leise geworden ist, den man nicht mehr zu hören vermag, weil er »eingemauert ist in den Kirchen« (Wolfgang Borchert).

Nicht der in den Kirchen, Dogmen und Lehrgebäuden Eingemauerte ist dann noch von Belang, sondern der Gott als »die Stimme eines verschwebenden Schweigens« (M. Buber), als der »gänzlich Unerforschliche« (Eugen Biser). In ihrer Grundhaltung entsteht bei den Menschen daher so etwas wie ein »kapellenloser Glaube, der leise seine Wunder tut« (R. M. Rilke), eine »profane Erleuchtung« (W. Benjamin). Sicher auch eine *religiöse Individualisierung* – Ausdruck wachsenden Mißtrauens gegen alle ideologisch verbrämten Systeme und kirchlichen Verwaltungsapparate. Diese hängen mit ihren konservativen wie auch progressiven Tendenzen »einfach in der Luft«, weil sie das Leben nicht mehr erreichen und in ihrem Eingemauertsein auch nicht mehr zu erreichen vermögen.

Als Du, Johannes, vor gut dreißig Jahren das Konzil zusammenriefest und damit *Suchbewegungen* in Gang brachtest, fand dies in einem Augenblick statt, in der ein *zentraler Widerspruch* unserer modernen Epoche, bis in den letzten Winkel eines Dorfes hinein, erfahrbar wurde. Einerseits wollte die Welt »profan« und »vernünftig« sein, wollte – rational orientiert – dem Göttlichen entsagen; andererseits zeigte sich der Drang zum Außerprofanen, zum Erhabenen, zum Göttlichen, zum »anderen Gottesbild«. Einerseits richteten sich die Menschen nach eigenen Vorgaben und nach weltimmanenten Gesetzen, was dem »Tod Gottes« gleichzukommen schien; andererseits der unverkennbare Aufbruch zur Irrationalität – Ausdruck einer inneren Unruhe und bösen Ahnung, daß die entgöttlichte und entzauberte Welt letztlich nicht viel mehr zu bieten hat als das banale Profane und die trostlose Seinsvergessenheit. Auf der einen Seite meldeten sich – besonders nach Auschwitz – alttestamentliche Erinnerungen an die Undarstellbarkeit Gottes in Bildern und die Ablehnung, in Leidenssituationen voreilig zu trösten; auf der anderen Seite lebte doch die Erfahrung, daß man ohne ein Bild von Gott nicht auszukommen vermag.

Das moderne Lebensgefühl kommt also einer *inneren Schizophrenie* gleich: auf der einen Seite sucht der Mensch nach dem Großen, nach dem Erhabenen, nach Idealen und hohen Ansprüchen; auf der anderen Seite weicht er ihnen mit Furcht und Zittern aus, weil Vorbilder erretten und zugleich vernichten bzw. in Frage stellen. So meldet sich bei dieser inneren Zerrissenheit *die Angst* als der »unheimliche Begleiter des menschlichen und modernen Lebens«.

Karl Jaspers hat sie in den verschiedenen Formen beschrieben. Die Angst vor Gott, der zugleich faszinierend und abschreckend erscheint; die Angst vor jedem Du, weil Einsamkeit nach Beziehung und Beziehung nach Einsamkeit verlangt; die Angst vor mächtigen Institutionen, die erdrücken und dennoch notwendig sind, sofern sie zum Helfen und Dienen fähig sind; die Angst vor den Abgründen des eigenen Ichs, die zugleich Hoffnungen und Sehnsüchte nach Selbstfindung und Selbstverwirklichung freisetzt.

Insofern sind im Laufe der Zeit die *Such- und Aufarbeitungsprozesse in der Kirche* überfällig geworden, weil die Aufarbeitung der Ängste der Menschen überfällig war. Wie kein anderer hast Du als Papst intuitiv gespürt, daß Sozialformen von Kirche das Gebot der Stunde sind, die zur Aufarbeitungs- und Entscheidungshilfe fähig machen. Als Papst hast Du mit einer feinen Nase gespürt und erkannt, daß der Abschied der modernen Welt von den herkömmlichen Gottesbildern, von theologischen Entwürfen und Wertvorstellungen durchaus seine konstruktiven und zukunftsträchtigen Aspekte aufzuweisen hat. Wahrscheinlich hast Du dabei »die Gefahren« für den herkömmlichen Status quo der Kirche nicht genügend erkannt; Du hast jene Kräfte unterschätzt, die bis heute Deine Feinde und Gegner geblieben sind, wenn auch nur aus dem einen Grund, weil sie von der alten Ordnung Vorteile hatten – und sei es auch nur den psychologischen Vorteil einer »Behaustheit«, die jede Form von Hauslosigkeit meidet wie die Pest.

Ein Gott des Besitzstandes ist leichter zu handhaben als einer, der zum Exodus ermahnt. Ebenso sind jene Menschen besser zu betreuen und sakramental zu versorgen, die keine weiteren Anliegen haben als in einer Anstalt, die göttliche Heilstaten verwaltet, sicher zu leben. Offensichtlich liegt es in der Natur vieler Menschen, dem »Haben« mehr Bedeutung beizumessen als der Kultur des Seins. Wenn sich bei ihnen tatsächlich Gott als ein Gott des Weges und des Aufbruchs in eine neue Zukunft herausstellen sollte, um so schlimmer für ihn, weil solche Menschen nur in äußersten Notfällen bereit sind, ihm dabei zu folgen. –

Und doch glaubtest Du, keine andere Wahl zu haben. In einer Zeit, in der der Mensch anfängt, in eigener Vollmacht nach dem verborgenen Sinn seines Daseins zu fragen, weiß er sich hinausgerufen ins Offene. In den wohlbehüteten Gefilden konfessionellen Beheimatetseins, im abgesteckten Gatter einer Herde spürt er allzu sehr, daß ihm eine Welt abhanden kommt, in der die Freiheit weht. Deshalb verläßt er sich lieber auf Menschen, die in ihren Worten und Liedern möglichst viel von dieser Welt aufzunehmen bereit sind, und die zugleich der Inspiration und der Transzendenzbewegung humaner Ideale folgen. So ist ihm das Absolute nicht fremd. Aber seine Gedanken bleiben geerdet und seine Sprache erleidet nicht das Schicksal von Menschen, die austrocknen, altern und vergreisen, sobald ihnen die mögliche Jugend aus Gott verlorengeht. Auftretende Gedanken- und Sprachsklerose sind immer unfehlbare Anzeichen dafür, daß der Glaube wie auch die lebendige Beziehung zu Gott abhanden gekommen sind, auch dann, wenn in Formeln und stets wiederholten Sätzen das Dasein Gottes beschworen wird.

Eine Kirche, die aus einer fragwürdigen Theologie heraus den Verstandes- und Willensgehorsam von Untertanen verlangt, verhindert entscheidend das religiöse Erfaßtwerden in der Tiefe der menschlichen Personmitte. Sie vermag auch die tiefen Schichten des Menschen nicht mehr auf das große Christusereignis hinzulenken. Weil sie den Boden der Menschwerdung des Menschen verloren hat, ist sie außerstande, das verborgenere, reichere, größere, schönere und richtigere Leben des Glaubens und der Hoffnung zu entfalten. Die so mißverstandenen Menschen wandern aus einer Kirchenkultur aus, für die nichts anderes wichtig ist als das Erstarrte, Verengte, Abgelebte und Ungelebte einer Tradition, die keinen Berge versetzenden Glauben mehr hervorzubringen vermag (vgl. Mt 17.20).

Du als Papst hast die Zeichen der Zeit so verstanden, als stünden sie für die Kirche auf Sturm. Deshalb Dein ungestümes Drängen. Du wolltest die Christenheit wieder auf ihre einfachen biblischen Dimensionen zurückführen. Du hast die Vorgänge in der Welt unmißverständlich so gedeutet, als könnten auf Zukunft hin kaum noch Definitionen, theoretische Klarstellungen und feierliche Deklarationen hilfreich sein. Du hast das Nachdenken über den zeitgemäßen Glauben wieder in das Volk zurückzuverlegen versucht, weil die Herrschaft der Schreibtischtheologen und Begriffshantierer abgelaufen war. Und die Menschen sollten wieder mit zeitgemäßen Antworten aus dem Glauben heraus der Welt den Beweis liefern, daß erdgebundenes christliches Selbstverständnis etwas zur Veränderung der unerlösten und oft heillosen Welt beizutragen vermag.

Letztlich ging es Dir um das, worauf es bei jeder Verkündigung der christlichen Botschaft ankommen sollte: um die Notwendigkeit der Rückführung aller Christusaussagen auf den Ereignischarakter der Person Jesu selbst. Daß dieses Selbstverständliche dennoch so problematisch werden würde, konntest Du damals noch kaum voraussehen. Heute ist aus Deinem Ansatz eine gewaltige Zerreißprobe geworden. Denn wo es um die Fortsetzung der Taten Jesu geht, um das »Auf-den-Punkt-bringen« der Botschaft der Liebe, wird das Verständnis der klerikal-hierarchischen Struktur der Kirche und ihrer Ämter entscheidend relativiert.

Die »Theologie des Volkes« versieht die Ausübung der geistigen Macht, die Wirksamkeit der Sakramente und überhaupt das Leben der herkömmlichen Kirche mit vielen Fragezeichen, wie schon Propheten des Alten Testamentes vor nutzlosen und törichten Gottesdiensten warnten (Koh 4,17–5.6; 1 Kor 12). Das Zurückgehen auf das biblische Selbstverständnis weicht zudem die Dogmen auf, in dem der Wahrheitsgehalt ihrer Aussagen als nicht entscheidend wichtig für das Hier und Heute angesehen wird. Wo zudem die Charismen bewährter Menschen ins Spiel gebracht werden und durch sie das Prophetische neu entdeckt wird, lassen sie sich schwer mit herkömmlicher Ordnung und hierarchischer Einheit in Einklang bringen. Wo der neue Wein keine neuen Schläuche findet, droht auf der einen Seite das religiöse Schwärmertum und auf der anderen die institutionelle Erstarrung. So bedarf es seit Deinem Konzil eines ganz neuen Koordinatensystems, in dem Priester-, Hirten- und Lehramt einerseits und prophetische Aufbrüche andererseits zu einem konstruktiven Miteinander finden.

Bisher ist es weltweit noch nicht gefunden. Dennoch bleibt das Suchen danach die zentrale Aufgabe. Während man der Christenheit von heute nachsagen kann, sie wisse entschieden mehr über ihr eigenes Wesen als je zuvor, wird sie dennoch als eine religiös-verbrämte Weltanschauung, als ein fromm getünchtes Herrschaftssystem abgelehnt. Was man über die Urkirche noch zu sagen vermochte und was zu sagen das Wichtigste wäre, sagt ihr kaum jemand: »Seht, wie sie einander lieben« (Joh 13,34 f).

Auf die Notwendigkeit einer machtvollen, aber doch herrschaftsfreien Autorität hast Du nicht nur hingewiesen; Du hast sie verkörpert. Für Dich bestand die Stärke des Evangeliums in der Beziehung der Menschen untereinander und im Leben miteinander. Seine Kraft sollte sich wieder dort entfalten, wo Verständigung und Versöhnung geschieht, wo die Präsenz des Menschgewordenen aufleuchtet in Zeichen der Liebe, Zuneigung, Toleranz und Akzeptanz all dessen, was in der Schöpfung an Wahrheit und Schönheit vorhanden ist.

Dein Ruf wie in der Wüste ist heute noch unüberhörbar: Vieles ist außerhalb der Kirche, was so leicht »drin« sein könnte und vieles ist »drin«, was eigentlich nicht hineingehört. Die Botschaft Jesu wieder mit der Welt zu versöhnen und die Welt wieder mit dem Christusereignis, ist eine von Dir gestellte, aber bisher kaum wahrgenommene Aufgabe. Und dennoch ist nichts dringlicher, als die Dynamik des Gotteswortes als solche zu begreifen und die Dynamik der Welt, die in Geburtswehen und Seufzen liegt nach der Erfüllung und Freiheit der Kinder Gottes. Sofern unter den »Erstgeborenen der neuen Schöpfung« die Liebe wohnt, gereicht ihnen und der Welt alles zum Guten, weil sie nach seinem ewigen Plan berufen sind … (vgl. Röm 8,18–30).

SECHZEHNTES KAPITEL

Du hattest Autorität, weil sie Dir von einem Anderen gegeben war.

Du bist Petrus, der Fels! Warest Du wirklich ein Fels? Diese Frage habe ich mir oft gestellt. Jedenfalls warst Du es auf eine andere Weise, als die herkömmliche Kirche es jedem Gläubigen beizubringen gewohnt war. In ihrer Unterweisung herrschten die Gedanken vor, daß dem ersten Papst Petrus von Jesus alle Gewalt übertragen worden sei; dieser Petrus habe auch die erste Christengemeinde in Rom gegründet; er sei der erste Bischof von Rom gewesen und von daher habe sich der spezielle Primat des Bischofs von Rom gebildet. Für diese nachösterliche »mythische« Argumentationsweise war immer das Bibelwort aus dem Matthäusevangelium zu hören: »Du bist Petrus, der Fels, und auf diesen Felsen werde ich meine Kirche bauen, und die Mächte der Unterwelt werden sie nicht überwältigen« (vgl. Mt 16,13–20).

Dabei ist es eigentlich garnicht so ganz sicher, wer der *»historische Petrus«* wirklich gewesen ist; welche Rolle er in der ersten Christengemeinde gespielt hat? Gewiß hat er eine große Rolle gespielt, wie die mündliche Überlieferung betont, die ja erst später schriftlich festgehalten wurde. Zusammen mit den Zwölf gehörte er in der Zeit nach Ostern zu den wichtigsten Trägern der Jesus-Überlieferung. Im Neuen Testament erscheint er auch als Sprecher oder Initiator des Jüngerkreises

(Mk 1,36; 10,28; 11,21). Er gehört auch zu den bevorzugten Zeugen bei besonders wichtigen Offenbarungsereignissen, zusammen mit Jakobus und Johannes (Mt 17,1–9). Jesus überträgt ihm auch die Binde- und Lösegewalt (Mt 16,19), die an anderer Stelle auf die ganze Gemeinde übertragen wird (Mt 18,18).

Letztere Sichtweise eröffnet dabei die unerwartete Möglichkeit, daß die Gemeinde die ihr zustehende Gewalt auf bestimmte Amtsträger übertragen kann, was im herkömmlichen Bewußtsein nur umgekehrt möglich erscheint. Zudem weist das Evangelium auch sehr deutlich auf die menschlichen Schwächen des Petrus hin; er wird als »sinkender Petrus« dargestellt, als Kleingläubiger und Zweifler (Mt 14,28–33), der sich im übrigen an der *»letzten Lehrautorität«* zu orientieren hat, die ebenso für die ganze christliche Gemeinde gilt: »Nur einer ist euer Meister, ihr alle aber seid Brüder« (Mt 23,8).

Was im übrigen die historische Gestalt des Petrus betrifft, so war er nicht der Gründer der römischen Gemeinde. Diese existierte bereits, als Petrus nach Rom kam. Sie bestand auch schon vor der Ankunft des Paulus. Schon lange vor beiden gab es lebendige Beziehungen zwischen Jerusalem und Rom. Juden haben die Kunde von dem neuen Messias-Jesus-Glauben nach Rom gebracht, der in der ersten jüdischen Gemeinde nicht ohne interne Auseinandersetzungen gelebt wurde. Petrus wurde später nach seiner Ankunft sicher eine sehr geachtete und prominente Persönlichkeit; aber ob er der erste Bischof von Rom war, ist historisch nicht sicher. Auch findet sich bei ihm, wie bei vielen seiner Nachfolger, kein Anspruch auf den Primat gegenüber der sich bildenden Universalkirche. Eher entwickelte sich von den biblischen Ursprüngen her ein Kirchenverband gleichberechtigter Ortsgemeinden mit unterschiedlichen Strukturen und Traditionen, im Osten wie im Westen.

Während der Papst in der *Westkirche* immer mehr als Nachfolger des Petrus deklariert wurde, ausgestattet mit letzter Kompetenz und Autorität, übten in der *Ostkirche* die ökumenischen Konzilien diese Funktionen aus. Deren Beschlüssen haben sich alle bis heute zu unterwerfen. Der Osten hat nie einen Jurisdiktionsprimat des Papstes anerkannt; bis heute lehnt er den Primat der Machtbefugnis über die universale Kirche ab. Dem Papst kommt nur ein *Ehrenprimat* zu. Allen Bischöfen ist im gleichen Maße aufgetragen, mit der gesamten Gemeinde den Glauben des Petrus zu bezeugen. Ihnen selbst kommt in der Rangordnung eine Autorität der Liebe zu, und wenn es schon einen »Ehrenprimat« des Papstes gibt, dann im Sinne eines ersten Vorrangplatzes, der die höchste Autorität im Zeugnis der Liebe meint.

Man könnte sagen: Indem der Papst den Vorsitz im Liebesbund der Kirchen einnimmt, hat er einen wahrhaften Dienst an der Einheit in der Liebe zu leisten – bei aller Freiheit und Eigenständigkeit der Ortskirchen. Ihm ist es mit den anderen im bischöflichen Amt primär aufgetragen, dafür zu sorgen, daß die Lebenswerte des Evangeliums konkret gelebt werden und daß Christi Gottestaten in der Geschichte weitergehen.

Wenn es also von Anfang an, um der Weitergabe des Evangeliums willen, einen *»Primat der Liebe«* gegeben hat, so hat sich in der römischen Kirche eben auch so etwas entwickelt wie ein *»Primat der Macht«*. Dieser mag auch in den Evangelien seinen Ursprung haben insofern, als auch darin Ambitionen zu Einfluß und Karriere nicht fehlen. Petrus wird sogar als »Satan« bezeichnet (Mt 16,23; vgl. Mk 10,35 ff). Dagegen ging es Jesus zentral um das Anbrechen des »Reiches Gottes« im Hier und Heute. Diesem Glauben an das »Schon-Jetzt« und »Noch-Nicht« der Gottesherrschaft, die erst am Ende der Zeit ihre Vollendung finden würde, gab er ein Felsenfundament; er sollte bis ans Ende der Welt durch keine Macht der Finsternis überwunden werden.

Beim »Felsen« ging es also offensichtlich nicht in erster Linie um eine labile Person oder um ein konkretes Amt, sondern um eine Botschaft und ihre Wirkungen auf die Lebensgestaltung der Menschen. Insofern es um Petrus ging, war er zusammen mit den Zwölf und mit der gesamten Gemeinde für die Weitergabe und das Leben im Glauben und in der Liebe verantwortlich. Allerdings erfuhr in der *Matthäus-Gemeinde* und ihrer Überlieferung die Petrus-Gestalt jene Deutung, wie sie bei Mt 16,13–20 formuliert wird. Sie versteht Petrus als Zeugen der Christusoffenbarung, als Garanten und Lehrer der authentischen Jesus-Lehre bzw. Jesus-Überlieferung. Insofern auch als »Fels«, auf dem die Gemeinde Jesu aufgebaut ist. Diese Deutung war, wie gesagt, nicht die einzige, vor allem auch nicht »exklusiv« gemeint, obwohl sie sich ziemlich einzigartig in der Kirche Roms durchgesetzt hat.

In der Mitte des 2. Jahrhunderts erst hat in Rom ein Übergang stattgefunden von der kollegialen zur monarchischen Leitung der Gemeinde, also innerhalb eines lokal begrenzten Raumes. Aber auch da zeigt sich noch kein Anspruch auf die Universalkirche; die Gestalt Jesu und das Evangelium behalten unbedingte Priorität vor dem Amt.

Nicht aus biblischen oder theologischen, sondern aus historisch-politischen Gründen fand dennoch eine Art Ausgliederung und Monopolisierung des Papst-Verständnisses statt. Zuerst während der Auseinandersetzung Roms mit Karthago in Nordafrika; dann während der Missionierung Galliens und der Germanen im ersten Jahrtausend. Während dieser historischen Ereignisse hat Rom eine führende Rolle gespielt. Aus dem Papstamt wurde immer weniger ein nüchtern-selbstloser Hirtendienst bzw. ein Dienst an der Freiheit und Würde der Menschen. Es erhob einen immer mehr hervortretenden *zentralistisch-politischen Anspruch*, der zugleich auch regionale und theologische Eigenentwicklungen in den Ortskirchen störte bzw. unterband.

Im Papsttum Roms bildeten sich vor allem Züge, die es bis heute als Erbe römisch-politischer Macht erscheinen läßt und die tief in das kirchliche Bewußtsein des »Felsen-Verständnisses« eingedrungen sind. Was ursprünglich der Kollegialität der Apostel und der Gesamtkirche zugesprochen war, wurde auf eine Person übertragen. Aus dem Nachfolger und Stellvertreter des Petrus wurde der Stellvertreter Christi auf Erden – übrigens erst offiziell im 13. Jahrhundert unter *Innozenz III.* (gest. 1216).

Dieser Papst stand in seinem praktischen Verhalten nicht mehr unter der letzten Autorität Christi und des Evangeliums, sondern identifizierte sich zu einem guten Teil mit politischer und militärischer Macht. Weil die Venezianer im Kreuzzug gegen die Sarazenen nicht vorankamen, exkommunizierte er sie. Er setzte einen schrecklichen Feldzug in Gang, um die Katharer in Südfrankreich auszurotten. Die Magna Charta der Menschenrechte in England erklärte er für ungültig ... Auf biblisch fundierte Ansprüche anderer Bischöfe und vor allem auf die der Ortskirchen wurde keine besondere Rücksicht mehr genommen.

Unter solchen verschiedenartigen Entwicklungen und Deutungen im Papst- und Felsenverständnis mußte es notgedrungen zu schweren Konflikten und Auseinandersetzungen innerhalb der Christenheit kommen. Sie sind im Laufe der Geschichte nicht nur ausgetragen worden, sondern de facto auch vorprogrammiert gewesen. Das große *abendländische Schisma* (1054) und die *Reformation Luthers* (1517) sind die markantesten, wenn auch nicht die einzigen einschneidenden Ereignisse in dieser Hinsicht gewesen.

Der Theologe *Josef Ratzinger* hat 1969 die Problematik auf den Punkt gebracht: »Kritik an päpstlichen Äußerungen wird in dem Maße möglich und nötig sein, in dem ihnen die Deckung in Schrift und Credo bzw. Glauben der Gesamtkirche fehlt. Wo weder Einmütigkeit der Gesamtkirche vorliegt, noch ein klares Zeugnis der Quellen gegeben ist, da ist auch eine verbindliche Entscheidung nicht möglich. Würde sie formal gefällt, so fehlten ihre Bedingungen, und damit müßte die Frage nach ihrer Legitimität erhoben werden«.

Diese Stimme ist nie die einzige gewesen; sie ist nie die einzige geblieben. Auf dem Konzil von Trient (1530) hat der Jesuit A. *Salmeron* einen Text zur Beratung vorgelegt, in dem es heißt, daß der Papst nicht nur wegen Häresie, sondern auch wegen grober Schädigung der Kirche von einem Konzil belangt werden könne und solle ... Und neuestens (1991) hat ein Bischof aus Österreich – *Reinhold Stecher* aus Innsbruck – das »Gehabe« in der Kirche kritisiert, welches in allem Irrtumslosigkeit vorgibt. »Zur Sprache der Kirche darf hier und da ruhig das Wort gehören: Wir haben geirrt. Und dieses Wort vermisse ich in der Kirchensprache«. Zwar werde die Kirche vom Heiligen Geist geführt; aber mit ehrlichem Blick in die Geschichte sei es doch unverkennbar, daß es da »Schatten und Abgründe« gebe; »beschämende Engführungen und versäumte Chancen«.

Solche und ähnliche Stimmen zeigen nicht nur die Notwendigkeit einer Bestandsaufnahme der kirchlichen und theologischen Entwicklungen, sondern bringen auch den Ruf unserer Epoche nach dem *»Urgestein des Christlichen«* zum Ausdruck – nach den eigentlichen Inhalten und Impulsen der Botschaft Jesu.

In einer solchen Zeit des Umbruchs und des neuen Fragens war vor dreißig Jahren alles andere notwendig – nur kein Übergangspapst. Gott-sei-Dank bist Du es nicht geworden. Du hast nicht bestätigt, was von Dir erwartet wurde. Als Papst hast Du erkannt, daß Du die Frage nach dem Felsen auch für Dich stellen mußtest. Du hast dabei eine Antwort gefunden, die am Ende dieses Jahrhunderts bis heute als einmalig erscheint, wenn auch nicht als erstmalig. Du hast Dein Amt und Deine Rolle wieder so verstanden, wie sie ursprünglich gemeint waren. Du bist sehr offen und frei damit umgegangen. Auf jeden Fall sollten sie wieder ganz im Dienst an der Weitergabe des Evangeliums stehen, an der Aktualisierung seiner Lebenswerte.

Vielleicht hat dieses notwendige und biblisch fundierte Anliegen ein heutiger Theologe, *G. Lohfink*, am präzisesten formuliert, wenn er vom neutestamentlichen Ämterverständnis vermutet, es müsse vorrangig und primär im Dienst der zuverlässigen Weitergabe des Evangeliums stehen. Auch das Ziel jeder Ordination sei nicht in erster Linie die Weitergabe einer Amtsvollmacht, sondern diene der unversehrten Weitergabe einer anvertrauten Tradition. »Wenn wir den Verfasser der Pastoralbriefe ... fragen könnten: ›Wolltest Du eigentlich eine bestimmte Amtsstruktur als Norm für die Kirche?‹, so würde der uns antworten: ›Nein, ich wollte nicht ein bestimmtes Amt, sondern das Evangelium als Norm für die Kirche. Schafft Ihr Euch jeweils das Amt, das der beste Garant für die unverfälschte Weitergabe und Verwirklichung des Evangeliums ist‹«.

Wenn heute, durch das Konzil ermutigt, nach den ursprünglichen Impulsen des Evangeliums weltweit gefahndet wird, ist es offenkundig geworden, daß ein bestimmtes Ämter- und Strukturverständnis viel mehr mit römisch-imperialen Vorgaben zu tun hat als mit dem Evangelium. Herkömmlich gewordene Kirchenkonzepte scheinen nicht nur mit dem Rücken zur profanen Welt zu stehen, sondern auch *mit dem Rücken zum Evangelium.* Um das ungute Gefühl wächst, daß die Kirche keinen Zugang mehr findet zu einer Welt und ihrer Literatur, für die die Gestalt Jesu »der geheime Bezugspunkt« geworden ist. Von daher sind sicher auch viele aggressive und ungeduldig vorwärtstreibende Kreise innerhalb der christlichen Kirchen und Konfessionen zu verstehen, die ausbrechen möchten wie aus einer babylonischen Gefangenschaft.

Weil durch Taufe und Firmung alle eins geworden sind in Christus (vgl. Gal 3,26–29), kann auch die *Ämter-*

Entwicklung wieder frei und offen verlaufen: Warum sollen bewährte Frauen von den Ämtern ausgeklammert bleiben? Warum gibt es nur den zölibatären Priester? Warum nicht bewährte Familienväter, die für das Bischofsamt geeignet sind, wie es in 1 Tim 3,1–7 bereits vorgezeichnet wurde? Warum nicht die viel größere Beteiligung und Mitentscheidung bei der Wahl und Auswahl der Priester und Apostelnachfolger? (vgl. Apg 1,15–26). Warum nicht »Ämter auf Zeit«, wie es in vielen Ordensgemeinschaften üblich ist?

Du als Papst hast zu diesem Wesentlichen wieder hingeführt. Fast im Sinne des Dichters *Novalis*, der schon 1790 das Papsttum »geistlicher Macht« postulierte, hast Du anscheinend auch nicht mehr an das »alte Papsttum, das im Grabe liegt«, glauben können. Du wolltest es erneuern: nicht durch theatralische Gesten, sondern von der Menschwerdung Gottes her, die alles andere meinte als Enthusiasmus, Ekstase und triumphalistische Gemütszustände, wie sie Massenveranstaltungen zu produzieren vermögen.

Mit den Menschen zusammen wolltest Du einen neuen Weg in der christlichen Glaubensgeschichte erkunden. Wie der Konvertit *Friedrich Schlegel* bereits 1828 davon gesprochen hatte, daß eines Tages das wenigstens seit Martin Luther Versäumte christlicher Reform nachgeholt werden müsse, so hast Du den großen Nachholbedarf gespürt, der im ganzen Volk Gottes lag. Wie *Gott ein Gott des Weges* ist, so sollte sich die Christenheit wieder auf den Weg machen. Du hast an die Kräfte in dieser Christenheit geglaubt, die es zu mobilisieren galt – statt sie zu manipulieren.

Früher hatte es immer geheißen: »Außerhalb der

Kirche kein Heil«. Mit Dir schien die Parole in eine ganz andere Richtung zu gehen: *»Außerhalb der Welt kein Heil!«* Denn Gottes Heilswille hatte es mit der ganzen Welt zu tun. Und die Christenheit war aufgerufen, die Heilswege Gottes mit der Welt tastend zu erkunden und mit ihr verheißungsvoll unterwegs zu bleiben. Die Kirche konnte nur eine Bedeutung haben, insofern sie sich mehr auf die Welt als auf sich selbst konzentrierte.

SIEBZEHNTES KAPITEL

Durch Dich hat die Menschheit verstanden, was oft so unverständlich bleibt

Wenn ich versuche, alle Deine Worte, Gesten und Taten zu verstehen und zusammenzufassen, so wolltest Du wohl nichts anderes als Abschied nehmen von Vorgängern wie *Innozenz III.*, die für das 2. Jahrtausend Mentalitäten und Verhaltensmuster geschaffen haben, die dem Verständnis von Christentum und Kirche der ersten Zeit entgegenstehen. Du wolltest wieder an Petrus anknüpfen und hast für das 3. Jahrtausend entscheidende Perspektiven eröffnet.

Zunächst schien es Dir um ein *neues Rom* zu gehen. Vielleicht weniger im Sinne des Kaisers Konstantin, der im Jahre 313 *Konstantinopel* als das »neue Rom« des oströmischen Reiches gründete, aber ihm dennoch nicht ganz unähnlich. Denn der Patriarch dieser Stadt wurde damals als Oberhaupt einer Gesamtkirche deklariert, die aus sog. autokephalen, d. h. in vielen Bereichen selbständigen Kirchen bestand.

Sicher schwebte Dir für das Papsttum die Rückkehr zu jenem urtümlichen Modell vor, als Du auf die Dezentralisierung der Kirche und die Stärkung der Ortskirchen setztest. Du hast gezeigt, daß man aufhören kann, ein politischer Papst zu sein, indem einfach damit begonnen wird, ein ökumenischer zu werden – ein »primus inter pares«. Du hast Deine Position dabei nicht geschwächt, sondern gestärkt. Du hast Dir die Achtung der ganzen Welt erworben. Die Hochschätzung, die Dir von überallher entgegenschlug, war nichts anderes als das Echo jener Hochschätzung, die Du den Menschen entgegenzubringen verstandest. Dies ist es, was sich die zukünftige Christenheit und ihre Leiter hinter die Ohren schreiben sollten: sie werden nur in dem Maße akzeptiert, als sie selbst andere ernst zu nehmen fähig sind. Sie werden nur das ernten, was sie selbst zu säen vermögen – nicht rhetorisch und verbal, sondern in einer inneren Akzeptanz, die aus dem Glauben an Gottes Wirken in der ganzen Menschheit erwächst.

Obwohl Du als *»ökumenischer Papst«* »den ganzen bewohnten Erdkreis« im Blick zu haben versuchtest, ging es Dir doch schwerpunktmäßig um eine Reform der Kirche an Haupt und Gliedern. Vor allem die Orts- und Teilkirchen sollten es wieder auf eine neue Weise lernen, eine möglichst große pastorale Eigenständigkeit und schöpferische Begabung für situationsgemäße Antworten zu entwickeln – nicht um dem »Zeitgeist« zu genügen, sondern um die Fülle Christi zur Entfaltung zu bringen, wie es nur erwachsene Menschen in ihren verschiedensten Lebenssituationen mit Gottes Hilfe zu leisten vermögen. Du selbst wolltest punktuell nur dann eingreifen, wenn die glaubende Orientierung am Beispiel Jesu und die Praxis der Liebe bedroht schienen – in den Beziehungen der Christen und der Kirchen untereinander wie zu einer Welt, die »sehnsüchtig auf das Offenbarwerden der Kinder Gottes wartet« (Röm 8,19).

Was übrigens Deine Offenheit zur Welt betrifft, hast Du ihr gegenüber nicht jene neurotischen und neurotisierenden Ängste an den Tag gelegt, wie sie auch in kirchlichen Chefetagen gang und gäbe zu sein vermögen. Du wußtest und hast daran geglaubt, daß Gott alles zum Guten führt, wenn die Liebe lebendig ist (Röm 8,28). Insofern war Dein Papsttum vom *»Primat der Liebe«* bestimmt, was seine Glaubwürdigkeit enorm gesteigert hat. Es konnte unter Beweis stellen, daß Denk- und Willensprozesse, Lebens- und Glaubenserfahrungen im Blick auf das werdende und wachsende Gottesreich entscheidend wichtiger sind als Gewohnheiten, Traditionen, Gesetze, Ämter, Strukturen ... Und wenn solche schon wichtig sind, dann nur in dem Maße, als sie im Dienste des Glaubens und der Liebe stehen.

Jedenfalls sollte sich die Kirche wieder als fähig erweisen, die stets auszulotenden und zu erforschenden *Wege Gottes mit der Menschheit* zu gehen. Nicht die Menschheit hatte sich an einer verwalteten Religion zu orientieren, sondern die Religion an der Menschheit als beste Maßnahme dafür, daß sie aufhörte, sich in Selbstbehauptung und Ämterbestätigung narzistisch um sich selbst zu drehen. Natürlich hatte die Kirche der Welt die Lebenwerte des Evangeliums zu verkünden und glaubwürdig vorzuleben; aber »die Welt« hatte auch denen eine Menge mitzuteilen, die sich für das Reden über Gott höchst verantwortlich und kompetent fühlen ...

Zudem ist die Welt nicht für die Kirche da, sondern für das Reich Gottes, welches sich in der Welt vorbereitet. Ich denke, daß diese Botschaft in Deinem Papstum eine zentrale Rolle gespielt hat, wie ja auch in der Botschaft Jesu. Die Kirche ist nicht für sich selber da. In ihr ist nichts absolut. Absolut ist nur Gott. Absolut ist auch der Glaube, daß Gott die Welt durch die Worte und Taten Jesu zum Heil und zur Erlösung zu führen gedenkt.

Die Kirche hat sich in den Dienst dieser Vorhaben Gottes zu stellen. Auch ihre Ämter, Wertvorstellungen, moralischen Ansprüche und ihre Wahrheitssuche hat sie so zu organisieren, daß dabei statt »Absolutheitsansprüche« Hilfen und Dienstleistungen entstehen, die nicht zuerst ihr selbst dienen, sondern die die Gottessaat in der Welt zum Wachsen bringen. –

Wer wie Du die Kirche als ein »Instrument zum Heil der Welt« versteht, muß wie Du nach den notwendig zu schaffenden oder überflüssig werdenden Ämtern und Traditionen fragen, ebenso nach einem »neuen« Glaubens- und Wahrheitsverständnis. Gewiß, in der Kirche war bei der Frage nach dem Glauben schon immer die Unterscheidung gemacht worden zwischen der Person, an die die Christenheit glaubt und den Wahrheiten, die durch sie geoffenbart worden waren (*fides qua* und *fides quae*). Glaube war in erster Linie immer schon das personale Ja-Sagen zu Christus, personale Bindung an Gott.

Aus dieser Bindung waren die vielen Lebensformen entstanden. Schon das Neue Testament ist ja nichts anderes als der Versuch verschiedener Autoren und Gemeinden, das »Phänomen« Jesus von Nazareth in der nachösterlichen Zeit glaubend verstehen, erklären und verkünden zu lernen. Die *»plurale Theologie« des Neuen Testamentes* traf später immer mehr auf die Strömungen der griechischen Philosophie und Ethik. Im Kontext einer bestimmten Epoche fühlte sich die Kirche gezwungen, in Wahrheitsfragen Klarheit zu schaffen, Dogmen zu formulieren, ein nahezu maschenloses Lehrgerüst zu bauen.

Wie zu bestimmten Zeiten von der absoluten Irrtumslosigkeit der Schrift gesprochen wurde (Verbalinspiration), so auch von der absoluten Irrtumslosigkeit der kirchlichen Lehre. Als im Zusammenhang mit der modernen exegetischen Forschung die Schrift immer mehr als *»Gotteswort im Menschenwort«* (Kardinal König) erkannt wurde, stellte sich auch die Frage nach der Relativität von Dogmen und Lehren. *»Relativ«* sind sie sicher in dem Sinne, daß bestimmte Menschen in einer bestimmten Zeit bestimmte Fragen gestellt haben, die ihnen unter den Nägeln brannten und nach einer authentischen kirchlichen Antwort verlangten. *»Relativ«* bleiben sie auch insofern, als jedes Dogma und jede erkannte Wahrheit auf Zukunft hin »offen« bleiben müssen für neue Fragen und neue Antworten ... Wenn nicht alles täuscht, werden sie in Zukunft noch auf ganz andere Weise *»relativ«* sein. Es wird garnicht mehr oder kaum danach gefragt.

Für die Masse der Gläubigen innerhalb und außerhalb der Kirchen waren theologische Lehrgebäude wahrscheinlich schon immer Ausdruck einer *Theologen- und Klerikerkultur*, die ihnen bis heute so fremd ist wie China den meisten Europäern. Trotz aller religionspädagogischen und pastoralen Initiativen, die die Lehre »der Kirche« dem Volk nahe zu bringen versuchen, ist sie ihm bis heute eine Fremdsprache geblieben. So liegt es auf der Hand, daß religiös fragende und suchende Menschen »sich ihren eigenen Herrgott suchen«. Die religiös sein wollen, werden es immer zahlreicher ohne die »Kompetenz« der großen Kirchen und Konfessionen.

Damit verlagert sich die Frage nach dem Glauben, die früher einmal in die Hörsäle der Universitäten und in die Amtsstuben der Hierarchie hineingeholt wurde, wieder zurück ins Volk und »auf die Straße«. Dieses holt sich seine religiösen Impulse und Inspirationen nicht mehr bei unfehlbaren, konfessionell orientierten Lehrämtern, sondern in der Schrift selbst, in religiösen Traditionen und Wertvorstellungen, die sich bewährt haben und bewähren. Ihre »Kanzeln« finden sich immer weniger in den Kathedralen und immer mehr in den Massenmedien, in latenter und offenkundiger religiöser Literatur, insofern sie verständliche Zeichen und Symbole zu setzen vermögen.

Solche Entwicklungen haben sich bisher für die Kirchen als sehr traurig und frustrierend erwiesen. Trotzdem darf das Positive bei solchen Vorgängen nicht übersehen werden. Wie im biblischen Denken die Gestalt Jesu für die gesamte Schöpfung zentral war (vgl. Röm 8,18–30 u. a.), so ist sie für die moderne Literatur der *»geheime Bezugspunkt« bzw. die »geheime Bezugsperson«* geworden (K. J. Kuschel und P. K. Kurz). In vielen Lebensbereichen wird jedenfalls nach der Person Jesu und wichtigen »exemplarischen Menschen« Ausschau gehalten. Nach dem Urbild und Urgestein des Christlichen wird gefragt. Die Abkehr von der Theologie der Theologen und von der Autorität der Kleriker ist weltweit begleitet von der Rückkehr zu dem, was Jesus wirklich gesagt und getan hat, zu den Impulsen, die sein Leben bestimmten und auch das Leben der Menschen von heute und morgen zu bestimmen vermögen.

Du hast diesen Vorgang von weltgeschichtlicher Bedeutung seismographisch erfaßt. Weil er weittragende Konsequenzen für die herkömmliche Kirche hat, hast Du stets von der Notwendigkeit der Reform gesprochen – eines Prozesses, der sich bis heute als außerordentlich schwierig erweist, zumal »das Volk« zu vielen Fragen seine Stimme erhebt und zu einem Denken Anlaß gibt, wie es ungewohnt ist. Wie früher fühlt es sich berufen, als Ganzes die Wege und Absichten Gottes auf Zukunft hin zu erforschen.

Der umwälzende Vorgang scheint aufs Ganze gesehen darin zu bestehen, daß wir weltweit einem *Christentum ohne herkömmliche Kirchen und Konfessionen* entgegengehen. Es wird immer mehr ein Christentum sein, welches nicht mehr von dogmatisch-lehramtlichen Vorgaben bestimmt ist; nicht mehr vom konfessionsbedingten Selbstbehauptungswillen. Es wird ein Christentum sein, welches nach den Lebenswerten des Evangeliums fragt, die das konkrete Leben von Menschen bereichern und meistern lehren. Es wird ein Christentum sein, welches in allen Lebenslagen Ausschau hält nach dem, den Gott selbst als einmaliges und unüberholbares *»Lebensmodell«*, als *»Lebensentwurf«* für alle Menschen in die Welt gesandt hat.

Jesus von Nazareth hat auf exemplarische Weise der Menschheit kundgetan, wie Gott sich menschliches Leben vorstellt, und wie Leben gottgemäß gelingen kann – auch über äußeres Scheitern hinaus. Was Jesus in seinen eigenen Begegnungen und Lebenssituationen gedacht, gesagt und getan hat, wird auch der Maßstab des Denkens und Handelns für das Christentum der Zukunft sein. Nicht einer bestimmten Form und Gestalt von Kirche hat Jesus Zukunft bis ans Ende der Zeit verheißen, sondern einer konkreten Botschaft, die freilich auch immer einer »Form« bedarf, einer »Gemeinschaftlichkeit«, einer Gestalt von »Kirche« oder vielleicht sogar vieler Kirchen, die bei aller Verschiedenheit doch *Eines gemeinsam* haben: die Orientierung an den Worten und Taten Jesu. »Einheit« besteht in der gemeinsamen Sorge, daß die Taten Gottes, wenn auch auf sehr unterschiedliche Weise, in der Geschichte weitergehen. Die ganze Menschheit vermag seine Botschaft zu hören, vermag seine Taten nachzuvollziehen. Insofern gehört Jesus allen ...

Der Glaube an die Person Jesu, der immer schon »primär« war, aber durch viele Lasten und Dickichte verhindert wurde (vgl. Mt 23,3–12), wird wieder entscheidendes Kriterium für das Christsein überhaupt – weniger der Glaube an Sätze. Denn auch für Jesus waren nicht Sätze, Gebote, Verbote primär wichtig, sondern primär der Mensch. In seiner konkreten Lebenslage wollte er Hilfe, Beistand, Orientierung und Neubeginn sein.

Insofern steht Jesus immer für die *Rettung des »Humanum«*, aller menschlichen und weltlichen Werte, die zu seiner Schöpfung und zu seinem »Eigentum« gehören (Joh 1,11). Was er an humanen Werten aufgriff und erlöste, war nicht bloß »Natur« im Gegensatz zur »Übernatur«; auch nicht einfach »reiner Humanismus« und »Horizontalismus«. Alles, was er sagte und tat, wurde erleuchtend und klärend hineingestellt in einen größeren Zusammenhang: Gott hat mit der Welt auf Zukunft hin das vollendete Reich Gottes im Blickfeld; dabei muß das noch nicht Vollendete schon jetzt seinen Anfang nehmen durch die, die es begreifen und fähig dazu sind. Es kommt nicht darauf an, auf das Jenseits zu warten, sondern es jetzt schon – wenn auch noch so bruchstückhaft – gegenwärtig zu setzen. »Das Reich Gottes ist schon mitten unter euch« (Lk 17,21).

Was Dich, Johannes, als Papst betrifft, habe ich bis heute den starken Eindruck, daß Du alle diese Entwicklungen in der Menschheit mit einer seismographischen Genauigkeit gespürt und geahnt hast. Gewiß, nach den vielen Versäumnissen der Kirche in den letzten Jahrhunderten war sie noch nicht reif dafür. Du kamest zu spät und doch zu früh. Aber Du hast die ersten Maßnahmen ergriffen, daß die Kirche doch langsam und allmählich reif und erwachsen dafür werden möge.

Heute, gut dreißig Jahre danach, fürchte ich, daß sie noch nicht viel reifer geworden ist. Denn entscheidende Kräfte kämpfen wieder gegen solche unvermeidbare Entwicklungen. Aber sie sind verwundbarer geworden. Viele im »Volk Gottes« sind wacher geworden. Sofern sie sich nicht vertreiben lassen, werden sie noch wacher werden. Die große Chance, die Du »Deiner Kirche« auf Zukunft hin eröffnet hast, besteht in ihrer Botschaft. Du hast auf Deine persönliche Art angefangen, großen Teilen der Menschheit die Augen für diese einzige mögliche Zukunft zu eröffnen. Alles Beben, welches durch die herkömmliche Christenheit geht, deutet darauf hin, daß das Alte verschwinden und Neues entstehen muß. Wie Christus der Erstgeborene einer neuen Welt und Schöpfung war (Kol 1,15), so muß die Christenheit unter Beweis stellen, daß sie ihr Erstgeburtsrecht zum Wohl und Heil der Welt einzusetzen vermag ...

Weitere Bücher von Fritz Köster im Verlag Josef Knecht

KIRCHE IM KOMA?
Der Mut zu einer ganz anderen

2. Auflage 1989, 200 Seiten, Paperback, ISBN 3-7820-0589-9

»Köster versucht aufzuzeigen, was die heutigen Menschen treibt und antreibt und schließlich aus der Kirche hinaustreibt. Er macht das sehr geschickt in fingierten Briefen an verschiedene Briefpartner. Das Buch ist provokativ und mitreißend zugleich und dazu kühn in der Diktion.«

LEO ETTLING in der *Schweizerischen Kirchenzeitung*

AUTORITÄTENWECHSEL
Zurück zur Praxis Jesu

1990, 200 Seiten, Paperback, ISBN 3-7820-0605-4

»Sein Erfolgsbuch ›Kirche im Koma?‹ weiterführend, ist dem Autor wiederum ein ebenso kritisches wie konstruktives Buch zur heutigen Lage der Kirche und des Glaubens gelungen.«

Kalksburger Korrespondenz

CHRISTSEIN AN DER WENDE
Visionen der Hoffnung

1991, 214 Seiten, Paperback, ISBN 3-7820-0635-6

VERLAG JOSEF KNECHT · FRANKFURT AM MAIN